Friteuse

à Air

Cuisine Facile, Délicieuse et Variée

Recettes Croustillantes

Jean-François Vincente

Table des matières

Introduction

Découvrez un Monde de Saveurs Croustillantes

Explorez un univers de cuisine légère, croustillante et délicieuse avec "Cuisine Facile, Délicieuse et Variée : Recettes Croustillantes **à la Friteuse à Air**." Que vous soyez novice en cuisine ou un amateur averti, ce livre vous invite à déguster une variété de recettes, toutes préparées avec une friteuse à air pour une touche de légèreté sans compromis sur la saveur.

Vous y trouverez des idées pour tous les repas de la journée, des petits-déjeuners croustillants aux desserts gourmands. Des en-cas aux plats principaux, en passant par les plats de viande, de poisson et de fruits de mer, les plats végétariens et végétaliens, les légumes et les garnitures, ainsi que les plats de riz, chaque recette est conçue pour vous faire découvrir le croustillant à son meilleur.

Que vous souhaitiez préparer un festin pour vos invités ou simplement vous régaler en famille, "Cuisine Facile, Délicieuse et Variée : Recettes Croustillantes à la Friteuse à Air" vous guidera à travers une expérience gustative exceptionnelle. Mangez sain, régalez-vous et découvrez le croustillant sous un nouveau jour. Bon appétit !

Le livre est structuré en **dix chapitres**, chacun consacré à une facette unique de la cuisine à la friteuse à air. Il vous transporte au-delà des plats frits traditionnels, explorant une variété d'options culinaires légères et croustillantes qui préservent la saveur tout en favorisant la santé. Découvrons ces chapitres sans révéler de recettes spécifiques.

- ❖ **Chapitre 1** : Desserts
- ❖ **Chapitre 2** : Apéritifs
- ❖ **Chapitre 3** : Petit-Déjeuner
- ❖ **Chapitre 4** : Entrées et Amuse-Gueules
- ❖ **Chapitre 5** : Plats Principaux à Base de Viande
- ❖ **Chapitre 6** : Plats de Poisson et de Fruits de
- ❖ **Chapitre 7** : Plats Végétariens et Végétaliens
- ❖ **Chapitre 8** : Recettes de Légumes et Garnitures
- ❖ **Chapitre 9** : Riz
- ❖ **Chapitre 10** : Frites à la Friteuse à Air Légères

Chapitre 1 :

Desserts à la Friteuse à Air

Gaufres aux Fraises à la Friteuse à Air

Préparation : 15 min | Cuisson : 5 min | Portions : 4

Ingrédients :

- (125 g) de farine
- 2 cuillères à soupe de sucre
- 1 cuillère à café de levure chimique
- 1/2 cuillère à café de sel
- (240 ml) de lait
- (60 ml) d'huile végétale
- 1 œuf
- 1 cuillère à café d'extrait de vanille
- Fraises fraîches, pour garnir
- Sucre glace, pour saupoudrer
- Crème fouettée, pour accompagner (facultatif)

Instructions :

1. Dans un grand bol, mélangez la farine, le sucre, la levure chimique et le sel.
2. Dans un autre bol, battez l'œuf, puis ajoutez le lait, l'huile végétale et l'extrait de vanille.
3. Incorporez le mélange liquide au mélange sec et mélangez jusqu'à obtenir une pâte lisse.
4. Préchauffez la friteuse à air à 180°C.
5. Graissez légèrement les plaques du gaufrier de la friteuse à air.
6. Versez une portion de pâte dans le gaufrier et fermez-le. Cuisez pendant environ 5 minutes, jusqu'à ce que les gaufres soient dorées et croustillantes.
7. Répétez le processus avec le reste de la pâte.
8. Servez les gaufres aux fraises chaudes, garnies de fraises fraîches et saupoudrées de sucre glace. Vous pouvez les accompagner de crème fouettée si vous le souhaitez.

Gaufres aux Pépites de Chocolat à la Friteuse à Air

Préparation : 10 minutes | Cuisson : 5 minutes | Portions : 4

Ingrédients :

- 125 g de farine
- 2 cuillères à soupe de sucre
- 1 cuillère à café de levure chimique
- 1/4 de cuillère à café de sel
- 240 ml de lait
- 1 œuf
- 2 cuillères à soupe d'huile végétale
- 90 g de pépites de chocolat
- Sucre glace, pour saupoudrer (facultatif)
- Crème fouettée ou glace, pour accompagner (facultatif)

Instructions :

1. Dans un grand bol, mélangez la farine, le sucre, la levure chimique et le sel.
2. Ajoutez le lait, l'œuf et l'huile végétale au mélange sec. Mélangez bien pour obtenir une pâte lisse.
3. Incorporez les pépites de chocolat à la pâte.
4. Préchauffez la friteuse à air à 180°C (350°F).
5. Graissez légèrement les plaques du gaufrier de la friteuse à air.
6. Versez une portion de pâte à gaufres dans le gaufrier de la friteuse à air. Cuisez pendant environ 5 minutes, jusqu'à ce que les gaufres soient dorées et croustillantes.
7. Répétez le processus avec le reste de la pâte.
8. Saupoudrez les gaufres de sucre glace (si désiré).
9. Servez les gaufres aux pépites de chocolat chaudes, accompagnées de crème fouettée ou de glace si vous le souhaitez.

Gaufres à la Crème de Pistache à la Friteuse à Air

Préparation : 15 min | Cuisson : 10 min | Portions : 4

Ingrédients :
Pour les gaufres :

- 250 g de farine
- 2 cuillères à soupe de sucre
- 1/2 cuillère à café de sel
- 1 cuillère à café de levure chimique
- 240 ml de lait
- 2 œufs
- 2 cuillères à soupe d'huile végétale
- 2 cuillères à soupe de crème de pistache
- Pour la crème de pistache :
- 120 g de crème fouettée
- 2 cuillères à soupe de crème de pistache

Instructions :

1. Mélangez les ingrédients secs pour les gaufres.
2. Battez les œufs, ajoutez le lait, l'huile végétale et la crème de pistache. Incorporez au mélange sec pour obtenir une pâte.
3. Préchauffez la friteuse à air à 180°C.
4. Versez la pâte dans le moule à gaufrcs de la friteuse à air.
5. Cuisez les gaufres environ 5 min jusqu'à dorure.
6. Mélangez la crème fouettée et la crème de pistache.
7. Servez les gaufres avec la crème de pistache.

Gaufres à la Banane et au Chocolat à la Friteuse à Air

Préparation : 15 min | Cuisson : 10 min | Portions : 4

Ingrédients :

- 200 g de farine
- 2 cuillères à soupe de sucre
- 1/2 cuillère à café de sel
- 1 cuillère à café de levure chimique
- 2 bananes mûres, écrasées
- 2 œufs
- 240 ml de lait
- 100 g de pépites de chocolat

Instructions :

1. Mélangez les ingrédients secs.
2. Incorporez les bananes écrasées, les œufs et le lait pour obtenir une pâte lisse.
3. Ajoutez les pépites de chocolat.
4. Préchauffez la friteuse à air à 180°C.
5. Cuisez la pâte dans le moule à gaufres de la friteuse jusqu'à dorure.
6. Servez les gaufres chaudes, éventuellement avec du sucre glace ou de la crème fouettée.

Beignets au Nutella à la Friteuse à Air

Préparation : 15 min | Cuisson : 10 min | Portions : 4

Ingrédients :

- 1 tube de pâte à biscuits en croissant
- (120 g) de Nutella
- Sucre en poudre, pour saupoudrer (facultatif)

Instructions :

1. Préchauffez votre friteuse à air à 180°C (350°F).
2. Déroulez la pâte à biscuits en croissant et séparez les triangles.
3. Placez environ 1 cuillère à café de Nutella au centre de chaque triangle de pâte.
4. Repliez les côtés du triangle sur le Nutella et roulez la pâte pour former un beignet. Assurez-vous que le Nutella est bien enfermé à l'intérieur de la pâte.
5. Placez les beignets de Nutella dans la friteuse à air préchauffée. Assurez-vous de ne pas les superposer.
6. Cuisez les beignets pendant environ 8 à 10 minutes, jusqu'à ce qu'ils soient bien dorés et croustillants.
7. Retirez les beignets du panier de la friteuse à air et saupoudrez-les de sucre en poudre si vous le souhaitez.
8. Servez les beignets au Nutella chauds. Attention, ils seront chauds à l'intérieur à cause du Nutella fondu.

Beignets aux Pêches et à la Crème à la Friteuse à Air

Préparation : 15 min | Cuisson : 10 min | Portions : 4

Ingrédients :

Pour les beignets :

- 2 pêches, pelées, dénoyautées et coupées en petits morceaux (environ 300 g)
- 250 g de farine
- 50 g de sucre
- 1 cuillère à café de levure chimique
- 1/2 cuillère à café de sel
- 240 ml de lait
- 1 œuf
- 2 cuillères à soupe d'huile végétale
- 1 cuillère à café d'extrait de vanille

Pour la crème :

- 120 ml de crème épaisse
- 2 cuillères à soupe de sucre glace
- 1 cuillère à café d'extrait de vanille

Instructions :

1. Mélangez les ingrédients secs dans un bol.
2. Dans un autre bol, battez l'œuf, ajoutez le lait, l'huile et l'extrait de vanille.
3. Incorporez le mélange liquide au mélange sec pour obtenir une pâte lisse, ajoutez les morceaux de pêche.
4. Préchauffez la friteuse à air à 180°C.
5. Formez des boules de pâte, puis faites cuire 5 minutes de chaque côté.
6. Pendant la cuisson, préparez la crème en mélangeant la crème épaisse, le sucre glace et l'extrait de vanille.
7. Servez les beignets chauds avec la crème à la vanille.

Beignets aux Cerises et à l'Amande à la Friteuse à Air

Préparation : 15 min | Cuisson : 10 min | Portions : 4

Ingrédients :
Pour les beignets :

- 250 g de cerises, dénoyautées et coupées en deux
- 250 g de farine
- 2 cuillères à soupe de sucre
- 1/2 cuillère à café de sel
- 1 cuillère à café de levure chimique
- 1 œuf
- 240 ml de lait
- 2 cuillères à soupe d'amandes effilées
- Pour le glaçage :
- 120 g de sucre glace
- 2 cuillères à soupe de lait
- 1/2 cuillère à café d'extrait d'amande

Instructions :

1. Mélangez les ingrédients secs pour les beignets.
2. Battez l'œuf, ajoutez le lait et mélangez.
3. Incorporez le mélange liquide au mélange sec pour former une pâte.
4. Préchauffez la friteuse à air à 180°C.
5. Ajoutez les cerises à la pâte et mélangez doucement.
6. Cuisez les beignets 5 min jusqu'à dorure.
7. Mélangez sucre glace, lait et extrait d'amande pour le glaçage.
8. Trempez les beignets dans le glaçage et saupoudrez d'amandes effilées.

Beignets aux Prunes et à la Vanille à la Friteuse à Air

Préparation : 15 min | Cuisson : 10 min | Portions : 4

Ingrédients :
Pour les beignets :

- 250 g de farine
- 2 cuillères à soupe de sucre
- 1/2 cuillère à café de sel
- 1 cuillère à café de levure chimique
- 2 œufs
- 240 ml de lait
- 2 cuillères à café d'extrait de vanille
- 200 g de prunes, dénoyautées et coupées en morceaux

Pour le glaçage :

- 100 g de sucre glace
- 2 cuillères à soupe de lait
- 1/2 cuillère à café d'extrait de vanille

Instructions :

1. Mélangez les ingrédients secs.
2. Incorporez les œufs, le lait, et l'extrait de vanille pour obtenir une pâte lisse.
3. Ajoutez les morceaux de prune dans la pâte.
4. Préchauffez la friteuse à air à 180°C.
5. Cuisez la pâte dans le moule à beignets jusqu'à dorure.
6. Préparez le glaçage en mélangeant sucre glace, lait, et extrait de vanille.
7. Trempez les beignets dans le glaçage.

Churros à la Citrouille à la Friteuse à Air

Préparation : 15 minutes | Cuisson : 15 minutes | Portions : 4

Ingrédients :
Pour la pâte à churros :

- (250 g) de purée de citrouille
- (240 ml) d'eau
- 2 cuillères à soupe de sucre
- 1/2 cuillère à café de sel
- (125 g) de farine tout usage
- 1 cuillère à café de cannelle en poudre
- 1/2 cuillère à café de muscade en poudre
- 2 cuillères à soupe de beurre
- 2 œufs
- Huile pour la friture
- Pour le revêtement :
- 1/2 tasse (100 g) de sucre
- 1 cuillère à café de cannelle en poudre

Instructions :

1. Dans une casserole, faites chauffer l'eau, la purée de citrouille, le sucre, le sel et le beurre à feu moyen. Amenez à ébullition.
2. Retirez la casserole du feu et ajoutez la farine, la cannelle et la muscade. Mélangez bien jusqu'à obtenir une pâte épaisse.
3. Incorporez les œufs un par un, en mélangeant bien après chaque ajout.
4. Préchauffez votre friteuse à air à 180°C (350°F).
5. Remplissez une poche à douille munie d'une douille cannelée avec la pâte à churros.
6. Pressez la pâte à travers la douille dans la friteuse à air pour former des bâtonnets de churros. Cuisez-les jusqu'à ce qu'ils soient dorés et croustillants, environ 5 minutes.
7. Retirez les churros de la friteuse à air et égouttez-les sur du papier absorbant.
8. Dans un bol, mélangez le sucre et la cannelle pour le revêtement.
9. Roulez les churros chauds dans le mélange sucre-cannelle pour les enrober.
10. Servez les churros à la citrouille chauds en tant que dessert. Ils sont délicieux trempés dans du chocolat fondu ou du caramel.

Churros au Caramel à la Fleur de Sel à la Friteuse à Air

Préparation : 15 min | Cuisson : 15 min | Portions : 4

Ingrédients :
Pour les Churros :

- 125 g de farine
- 1 cuillère à soupe de sucre
- 1/4 de cuillère à café de sel
- 240 ml d'eau
- 2 cuillères à soupe d'huile végétale
- 1 cuillère à café d'extrait de vanille
- 2 œufs
- Huile pour la friture
- Pour le Caramel à la Fleur de Sel :
- 200 g de sucre
- 60 ml d'eau
- 120 ml de crème épaisse
- 1 cuillère à café de fleur de sel

Instructions :

1. Dans une casserole, préparez la pâte à churros en mélangeant farine, sucre, sel, eau, huile végétale et extrait de vanille. Cuisez à feu moyen jusqu'à obtention d'une pâte homogène.
2. Retirez du feu et laissez refroidir légèrement. Incorporez les œufs un par un.
3. Préchauffez la friteuse à air à 180°C.
4. Remplissez une poche à douille cannelée avec la pâte à churros. Formez des churros et faites-les cuire dans la friteuse jusqu'à dorure.
5. Préparez le caramel à la fleur de sel : Dans une casserole, faites chauffer sucre et eau jusqu'à obtenir un caramel doré. Ajoutez la crème épaisse et la fleur de sel.
6. Servez les churros avec le caramel chaud. Bon appétit !

Churros au Chocolat au Lait à la Friteuse à Air

Préparation : 15 min | Cuisson : 10 min | Portions : 4

Ingrédients :
Pour les churros :

- 250 g de farine
- 1 cuillère à soupe de sucre
- 1/2 cuillère à café de sel
- 240 ml d'eau
- 2 cuillères à soupe d'huile végétale
- Pour le chocolat au lait :
- 100 g de chocolat au lait
- 60 ml de crème épaisse

Instructions :

1. Mélangez farine, sucre et sel.
2. Chauffez l'eau et l'huile, versez sur les ingrédients secs et mélangez pour obtenir une pâte.
3. Mettez la pâte dans une poche à douille cannelée.
4. Préchauffez la friteuse à air à 180°C.
5. Formez des churros et cuisez-les 5 min jusqu'à dorure.
6. Pour le chocolat au lait, chauffez la crème, ajoutez le chocolat, remuez jusqu'à obtention d'une sauce lisse.
7. Servez les churros avec le chocolat au lait.

Churros au Chocolat Blanc et aux Fraises à la Friteuse à Air

Préparation : 15 min | Cuisson : 10 min | Portions : 4

Ingrédients :
Pour les churros :

- 250 g de farine
- 2 cuillères à soupe de sucre
- 1/2 cuillère à café de sel
- 240 ml d'eau
- 2 cuillères à soupe d'huile végétale

Pour le chocolat blanc :

- 100 g de chocolat blanc
- 60 ml de crème épaisse
- Pour les fraises :
- 200 g de fraises, lavées et coupées en morceaux
- 2 cuillères à soupe de sucre

Instructions :

1. Mélangez les ingrédients secs pour les churros.
2. Chauffez l'eau et l'huile, puis incorporez-les aux ingrédients secs pour former une pâte.
3. Préchauffez la friteuse à air à 180°C.
4. Formez des churros et cuisez-les 5 min jusqu'à dorure.
5. Pour le chocolat blanc, faites fondre le chocolat blanc dans la crème.
6. Mélangez les fraises avec le sucre.
7. Servez les churros avec le chocolat blanc chaud et les fraises sucrées.

Tarte Tatin aux Pommes à la Friteuse à Air

Préparation : 15 minutes | Cuisson : 25 minutes | Portions : 4

Ingrédients :

- 4 pommes, pelées, évidées et coupées en quartiers
- 1/2 tasse (100 g) de sucre
- 2 cuillères à soupe de beurre
- 1 pâte feuilletée
- 1 cuillère à café d'extrait de vanille
- 1 cuillère à soupe de cannelle en poudre (facultatif)
- Crème fraîche ou glace à la vanille, pour accompagner (facultatif)

Instructions :

1. Préchauffez la friteuse à air à 180°C (350°F).
2. Dans une poêle allant au four, faites fondre le beurre à feu moyen. Ajoutez le sucre et laissez-le fondre jusqu'à obtenir un caramel doré.
3. Ajoutez les quartiers de pommes dans la poêle et faites-les dorer légèrement dans le caramel. Ajoutez l'extrait de vanille et la cannelle en poudre (si désiré). Retirez du feu.
4. Déroulez la pâte feuilletée et découpez-la en un cercle légèrement plus grand que la poêle.
5. Placez la pâte sur les pommes dans la poêle, en rentrant les bords autour des pommes.
6. Enfournez la poêle dans la friteuse à air préchauffée et faites cuire pendant environ 20-25 minutes, jusqu'à ce que la pâte soit dorée et croustillante.
7. Retournez la tarte Tatin sur un grand plat de service en prenant soin de ne pas vous brûler.
8. Servez la tarte Tatin aux pommes chaude, éventuellement accompagnée de crème fraîche ou de glace à la vanille.

Tartelettes aux Framboises et à la Crème à la Friteuse à Air

Préparation : 15 min | Cuisson : 10 min | Portions : 4

Ingrédients :
Pour les tartelettes :

1. 200 g de pâte à tarte prête à l'emploi
2. 200 g de framboises fraîches
3. 2 cuillères à soupe de sucre
4. Pour la crème :
5. 120 ml de crème fouettée
6. 2 cuillères à soupe de sucre glace
7. 1/2 cuillère à café d'extrait de vanille

Instructions :

1. Préchauffez la friteuse à air à 180°C.
2. Étalez la pâte à tarte en cercles pour former la base des tartelettes.
3. Cuisez les fonds de tarte dans la friteuse à air jusqu'à ce qu'ils soient dorés et croustillants.
4. Mélangez les framboises avec le sucre.
5. Fouettez la crème fouettée, le sucre glace et l'extrait de vanille pour obtenir une crème légère.
6. Garnissez les tartelettes cuites de framboises et ajoutez une cuillerée de crème.

Crêpes au Nutella et aux Bananes à la Friteuse à Air

Préparation : 10 minutes | Cuisson : 10 minutes | Portions : 4

Ingrédients :

- (125 g) de farine
- 2 cuillères à soupe de sucre
- 1/2 cuillère à café de sel
- (240 ml) de lait
- 1 œuf
- (facultatif)

- 2 cuillères à soupe d'huile végétale
- 2 bananes, tranchées
- Nutella ou pâte à tartiner au chocolat, pour garnir
- Sucre glace, pour saupoudrer

Instructions :

1. Dans un grand bol, mélangez la farine, le sucre et le sel.
2. Ajoutez le lait, l'œuf et l'huile végétale au mélange sec. Mélangez bien pour obtenir une pâte lisse.
3. Préchauffez la friteuse à air à 180°C (350°F).
4. Graissez légèrement les plaques de la friteuse à air avec un peu d'huile.
5. Versez une petite quantité de pâte à crêpes dans la friteuse à air pour former une crêpe fine. Cuisez pendant environ 2 minutes de chaque côté, jusqu'à ce qu'elle soit dorée. Répétez avec le reste de la pâte.
6. Étalez du Nutella ou de la pâte à tartiner au chocolat sur chaque crêpe.
7. Disposez des tranches de banane sur la moitié de chaque crêpe.
8. Pliez les crêpes en deux pour couvrir les bananes.
9. Saupoudrez de sucre glace (si désiré).
10. Servez les crêpes au Nutella et aux bananes chaudes en tant que dessert ou petit-déjeuner gourmand.

Crêpes aux Fraises et à la Crème Chantilly à la Friteuse à Air

Préparation : 15 min | Cuisson : 10 min | Portions : 4

Ingrédients :

Pour les crêpes :

- 200 g de fraises, tranchées
- 250 g de farine
- 2 cuillères à soupe de sucre
- 1 cuillère à café de levure chimique
- 1/2 cuillère à café de sel
- 240 ml de lait
- 2 œufs

- 2 cuillères à soupe d'huile végétale
- 1 cuillère à café d'extrait de vanille
- Pour la crème Chantilly :
- 240 ml de crème liquide
- 2 cuillères à soupe de sucre glace
- 1 cuillère à café d'extrait de vanille

Instructions :

1. Mélangez les ingrédients secs dans un bol.
2. Battez les œufs dans un autre bol, ajoutez le lait, l'huile végétale et l'extrait de vanille.
3. Incorporez le mélange liquide au mélange sec pour obtenir une pâte lisse.
4. Préchauffez la friteuse à air à 180°C.
5. Versez une louche de pâte dans la friteuse à air et étalez-la pour former une crêpe. Cuisez des deux côtés.
6. Pendant la cuisson, préparez la crème Chantilly en fouettant la crème liquide, le sucre glace et l'extrait de vanille.
7. Servez les crêpes chaudes avec des tranches de fraises et de la crème Chantilly.

Crêpes à la Crème d'Érable et aux Noix à la Friteuse à Air

Préparation : 15 min | Cuisson : 10 min | Portions : 4

Ingrédients :

Pour les crêpes :

- 200 g de farine
- 2 cuillères à soupe de sucre
- 1/2 cuillère à café de sel
- 240 ml de lait
- 2 œufs
- 2 cuillères à soupe de beurre fondu
- 2 cuillères à soupe de sirop d'érable
- Pour la crème d'érable :
- 120 ml de crème fouettée
- 2 cuillères à soupe de sirop d'érable
- 60 g de noix hachées

Instructions :

1. Mélangez les ingrédients secs pour les crêpes.
2. Battez les œufs, ajoutez le lait, le beurre fondu et le sirop d'érable. Incorporez au mélange sec pour obtenir une pâte.
3. Préchauffez la friteuse à air à 180°C.
4. Versez une petite louche de pâte dans le moule à crêpes de la friteuse à air. Cuisez chaque crêpe 2 min de chaque côté.
5. Préparez la crème d'érable en mélangeant la crème fouettée, le sirop d'érable et les noix hachées.
6. Servez les crêpes avec la crème d'érable et de noix.

Crêpes à la Pomme et à la Cannelle à la Friteuse à Air

Préparation : 15 min | Cuisson : 10 min | Portions : 4

Ingrédients :

- 200 g de farine
- 2 cuillères à soupe de sucre
- 1/2 cuillère à café de sel
- 1 cuillère à café de levure chimique
- 2 œufs
- 240 ml de lait
- 1 cuillère à café d'extrait de vanille
- 2 pommes, pelées, épépinées et coupées en petits morceaux
- 1/2 cuillère à café de cannelle en poudre

Instructions :

1. Mélangez les ingrédients secs.
2. Incorporez les œufs, le lait, et l'extrait de vanille pour obtenir une pâte lisse.
3. Ajoutez les morceaux de pomme et la cannelle.
4. Préchauffez la friteuse à air à 180°C.
5. Cuisez les crêpes jusqu'à dorure.

Donuts à la Vanille à la Friteuse à Air

Préparation : 15 minutes | Cuisson : 10 minutes | Portions : 6

Ingrédients :
Pour les donuts :
- (125 g) de farine tout usage
- (50 g) de sucre
- 1 cuillère à café de levure chimique
- 1/4 de cuillère à café de sel
- (120 ml) de lait
- 1 œuf
- 1 cuillère à café d'extrait de vanille
- 2 cuillères à soupe de beurre fondu

Pour le glaçage :
- (120 g) de sucre glace
- 2 cuillères à soupe de lait
- 1 cuillère à café d'extrait de vanille

Instructions :
1. Dans un grand bol, mélangez la farine, le sucre, la levure chimique et le sel.
2. Dans un autre bol, battez l'œuf, puis ajoutez le lait, l'extrait de vanille et le beurre fondu.
3. Incorporez le mélange liquide au mélange sec et mélangez jusqu'à obtenir une pâte lisse.
4. Préchauffez votre friteuse à air à 180°C (350°F).
5. Remplissez un sac de congélation en plastique avec la pâte à donuts. Coupez un coin du sac pour créer une ouverture pour presser la pâte.
6. Pressez la pâte dans le panier de la friteuse à air pour former des donuts. Assurez-vous qu'ils ne se touchent pas.
7. Cuisez les donuts pendant environ 5 minutes de chaque côté, jusqu'à ce qu'ils soient bien dorés.
8. Pendant la cuisson, préparez le glaçage en mélangeant le sucre glace, le lait et l'extrait de vanille dans un bol.
9. Une fois les donuts cuits, trempez-les dans le glaçage pour les enrober.
10. Laissez le glaçage durcir pendant quelques minutes.
11. Servez les donuts à la vanille à la friteuse à air en tant que dessert ou en-cas.

Donuts à la Mûre et à la Vanille à la Friteuse à Air

Préparation : 15 min | Cuisson : 10 min | Portions : 4

Ingrédients :
Pour les donuts :
- 200 g de mûres fraîches
- 250 g de farine
- 100 g de sucre
- 1 cuillère à café de levure chimique
- 1/2 cuillère à café de sel
- 240 ml de lait
- 1 œuf
- 2 cuillères à soupe d'huile végétale
- 1 cuillère à café d'extrait de vanille

Pour le glaçage :
- 120 g de sucre glace
- 2 cuillères à soupe de lait
- 1/2 cuillère à café d'extrait de vanille

Instructions :
1. Mélangez les ingrédients secs dans un bol.
2. Battez l'œuf dans un autre bol, puis ajoutez le lait, l'huile végétale et l'extrait de vanille.
3. Incorporez le mélange liquide au mélange sec pour obtenir une pâte lisse, ajoutez les mûres.
4. Préchauffez la friteuse à air à 180°C.
5. Remplissez le moule à donuts de la friteuse à air avec la pâte.
6. Cuisez les donuts pendant environ 10 minutes jusqu'à dorure.
7. Pendant la cuisson, mélangez le sucre glace, le lait et l'extrait de vanille pour préparer le glaçage.
8. Glacez les donuts encore chauds.

Donuts à la Crème Pâtissière à la Friteuse à Air

Préparation : 15 min | Cuisson : 10 min | Portions : 4

Ingrédients :

Pour les donuts :

- 250 g de farine
- 2 cuillères à soupe de sucre
- 1/2 cuillère à café de sel
- 1 cuillère à café de levure chimique
- 120 ml de lait
- 1 œuf
- 2 cuillères à soupe de beurre fondu
- 1 cuillère à café d'extrait de vanille

Pour la crème pâtissière :

- 240 ml de lait
- 3 jaunes d'œufs
- 50 g de sucre
- 2 cuillères à soupe de fécule de maïs
- 1 cuillère à café d'extrait de vanille

Instructions :

1. Mélangez les ingrédients secs pour les donuts.
2. Dans un autre bol, mélangez les ingrédients liquides et incorporez-les aux ingrédients secs pour former une pâte.
3. Préchauffez la friteuse à air à 180°C.
4. Versez la pâte dans le moule à donuts pour la friteuse à air.
5. Cuisez les donuts pendant 10 minutes jusqu'à dorure.
6. Préparez la crème pâtissière pendant la cuisson en chauffant le lait, puis en mélangeant les autres ingrédients, puis en épaississant le mélange.
7. Laissez refroidir la crème.
8. Une fois refroidis, incisez les donuts sur le côté et remplissez-les de crème pâtissière.

Donuts au Caramel au Beurre Salé à la Friteuse à Air

Préparation : 15 min | Cuisson : 10 min | Portions : 4

Ingrédients :

Pour les donuts :

- 250 g de farine
- 2 cuillères à soupe de sucre
- 1/2 cuillère à café de sel
- 1 cuillère à café de levure chimique
- 1 œuf
- 120 ml de lait
- 2 cuillères à soupe de beurre fondu
- 2 cuillères à soupe de caramel au beurre salé
- Pour le glaçage au caramel au beurre salé :
- 100 g de sucre glace
- 2 cuillères à soupe de caramel au beurre salé
- 2 cuillères à soupe de lait

Instructions :

1. Mélangez les ingrédients secs pour les donuts.
2. Battez l'œuf, ajoutez le lait, le beurre fondu et le caramel au beurre salé. Incorporez au mélange sec pour obtenir une pâte.
3. Préchauffez la friteuse à air à 180°C.
4. Versez la pâte dans le moule à donuts de la friteuse à air.
5. Cuisez les donuts environ 5 min, jusqu'à dorure.
6. Préparez le glaçage en mélangeant sucre glace, caramel au beurre salé et lait.
7. Trempez les donuts dans le glaçage.

Tartelettes aux Myrtilles à la Friteuse à Air

Préparation : 15 min | Cuisson : 10 min | Portions : 4

Ingrédients :

Pour la pâte à tarte :

- 250 g de farine
- 2 cuillères à soupe de sucre
- 1/2 cuillère à café de sel
- 120 g de beurre froid, en morceaux
- 60 ml d'eau froide
- Pour la garniture :

- 200 g de myrtilles fraîches
- 2 cuillères à soupe de sucre
- 1 cuillère à soupe de fécule de maïs
- 1 cuillère à café de zeste de citron
- 1 cuillère à soupe de jus de citron

Instructions :

1. Mélangez farine, sucre, sel. Incorporez le beurre pour former une pâte. Ajoutez l'eau, formez une boule, puis réfrigérez 30 min.
2. Préparez la garniture en mélangeant myrtilles, sucre, fécule de maïs, zeste et jus de citron.
3. Préchauffez la friteuse à air à 180°C.
4. Divisez la pâte en 4 portions, étalez-les en cercles.
5. Placez chaque cercle de pâte dans un moule à tartelette et piquez le fond.
6. Remplissez chaque tartelette avec la garniture.
7. Cuisez 10 min dans la friteuse à air jusqu'à dorure.

Tartelettes aux Noix de Pécan à la Friteuse à Air

Préparation : 15 min | Cuisson : 10 min | Portions : 4

Ingrédients :

Pour la pâte :

- 200 g de farine
- 2 cuillères à soupe de sucre
- 1/2 cuillère à café de sel
- 120 g de beurre froid, en dés
- 3-4 cuillères à soupe d'eau froide
- Pour la garniture :
- 200 g de noix de pécan
- 2 œufs
- 100 g de sucre
- 100 g de sirop d'érable
- 1 cuillère à soupe de beurre fondu
- 1 cuillère à café d'extrait de vanille
- Pincée de sel

Instructions :

1. Préparez la pâte et réfrigérez.
2. Préchauffez la friteuse à air à 180°C.
3. Préparez la garniture.
4. Étalez la pâte dans les moules à tartelettes.
5. Ajoutez les noix de pécan.
6. Versez la garniture.
7. Cuisez les tartelettes dans la friteuse à air jusqu'à dorure (environ 10 min).
8. Laissez refroidir avant de déguster.

Chapitre 2 :

Recettes Apéritif à la Friteuse à Air

Ailes de Poulet à l'Ananas à la Friteuse à Air

Préparation : 10 min | Cuisson : 20 min | Portions : 4

Ingrédients :

- 1 kg d'ailes de poulet
- 1/2 tasse (120 ml) de jus d'ananas
- 1/4 tasse (60 ml) de sauce soja
- 1/4 tasse (60 ml) de miel
- 2 cuillères à soupe d'huile d'olive
- 2 gousses d'ail hachées
- 1 cuillère à café de gingembre râpé
- Sel et poivre au goût
- 1 cuillère à soupe de graines de sésame (facultatif)

Instructions :

1. Mélangez tous les ingrédients de la marinade dans un bol.
2. Enrobez les ailes de poulet de la marinade et laissez mariner pendant au moins 30 minutes.
3. Préchauffez la friteuse à air à 180°C.
4. Égouttez les ailes de poulet de l'excès de marinade.
5. Cuisez les ailes dans la friteuse à air pendant 20-25 minutes, en les retournant à mi-cuisson, jusqu'à ce qu'elles soient dorées et croustillantes.
6. Badigeonnez-les de sauce à l'ananas chaude et saupoudrez de graines de sésame.
7. Servez chaud. Bon appétit !

Beignets d'Oignon et de Courgette à la Friteuse à Air

Préparation : 15 min | Cuisson : 10 min | Portions : 4

Ingrédients :

- 1 oignon, coupé en rondelles
- 1 courgette, coupée en rondelles
- 125 g de farine
- 1 cuillère à café de levure chimique
- 1 cuillère à café de sel
- 1/2 cuillère à café de poivre noir
- 1/2 cuillère à café de paprika
- 1/2 cuillère à café de poudre d'ail
- 1 œuf
- 120 ml de lait
- Huile de cuisson en spray

Instructions :

1. Préchauffez la friteuse à air à 200°C.
2. Mélangez la farine, la levure chimique, le sel, le poivre, le paprika et la poudre d'ail dans un bol.
3. Battez l'œuf dans un autre bol, ajoutez-y le lait.
4. Versez le mélange liquide dans le mélange sec et remuez pour obtenir une pâte lisse.
5. Trempez les rondelles d'oignon et de courgette dans la pâte à beignet pour les enrober.
6. Disposez les rondelles enrobées sur la grille de la friteuse à air préalablement graissée avec de l'huile en spray.
7. Cuisez les beignets à la friteuse à air pendant 10 minutes, en les retournant à mi-cuisson, jusqu'à ce qu'ils soient dorés et croustillants.
8. Servez chaud avec une sauce de trempage de votre choix.

Beignets de Chou-Fleur à la Friteuse à Air

Préparation : 15 min | Cuisson : 15 min | Portions : 4

Ingrédients :

- 1 petit chou-fleur, en bouquets
- 1 tasse (125 g) de farine
- 1 cuillère à café de paprika
- 1/2 cuillère à café de poudre d'ail
- 1/2 cuillère à café de sel
- 1/4 cuillère à café de poivre noir
- 1 tasse (240 ml) de lait
- 1 œuf
- 1 tasse (100 g) de chapelure
- Huile de cuisson en spray

Instructions :

1. Préchauffez la friteuse à air à 200°C.
2. Mélangez la farine, le paprika, la poudre d'ail, le sel et le poivre.
3. Battez l'œuf et incorporez le lait.
4. Trempez les bouquets de chou-fleur dans le mélange liquide, puis roulez-les dans la chapelure.
5. Cuisez à la friteuse à air pendant 15 minutes, en les retournant à mi-cuisson, jusqu'à ce qu'ils soient dorés.
6. Servez chaud avec une sauce de trempage.

Beignets de Légumes à la Friteuse à Air

Préparation : 15 min | Cuisson : 15 min | Portions : 4

Ingrédients :

- 2 tasses (250 g) de légumes mélangés, coupés en morceaux
- 1 tasse (125 g) de farine
- 1 cuillère à café de paprika
- 1/2 cuillère à café de poudre d'ail
- 1/2 cuillère à café de sel
- 1/4 cuillère à café de poivre noir
- 1 tasse (240 ml) de lait
- 1 œuf
- 1 tasse (100 g) de chapelure

Instructions :

1. Préchauffez la friteuse à air à 200°C.
2. Mélangez la farine, le paprika, la poudre d'ail, le sel et le poivre.
3. Battez l'œuf avec le lait.
4. Trempez les morceaux de légumes dans le mélange liquide, puis roulez-les dans la chapelure.
5. Cuisez à la friteuse à air pendant 15 minutes, jusqu'à ce qu'ils soient dorés et croustillants.
6. Servez chaud avec une sauce de trempage.

Beignets de Maïs à la Friteuse à Air

Préparation : 10 min | Cuisson : 10 min | Portions : 4

Ingrédients :

- 1 tasse (150 g) de maïs en grains
- 1 tasse (125 g) de farine de maïs
- 1/2 tasse (60 g) de farine tout usage
- 1 cuillère à soupe de sucre
- 1 cuillère à café de poudre à lever
- 1/2 cuillère à café de sel
- 1/4 cuillère à café de poivre noir
- 1/2 tasse (120 ml) de lait
- 1 œuf
- 2 cuillères à soupe d'huile végétale

Instructions :

1. Préchauffez la friteuse à air à 200°C.
2. Mélangez les ingrédients secs dans un bol.
3. Dans un autre bol, battez l'œuf, ajoutez le maïs en grains, le lait et l'huile.
4. Incorporez le mélange liquide au mélange sec pour obtenir une pâte homogène.
5. Utilisez une cuillère à crème glacée pour former des portions de pâte et placez-les dans la friteuse à air préalablement graissée.
6. Cuisez environ 10 minutes jusqu'à ce que les beignets de maïs soient dorés et croustillants.
7. Servez chaud avec la sauce de votre choix ou saupoudrés de sucre glace pour une version sucrée.

Brochettes de Poulet Satay à la Friteuse à Air

Préparation : 15 min | Cuisson : 10 min | Portions : 4

Ingrédients :

- 500 g de poitrine de poulet, coupée en morceaux
- 1/4 tasse (60 ml) de lait de coco
- 2 cuillères à soupe de sauce soja
- 1 cuillère à soupe de beurre d'arachide
- 1 cuillère à café de sucre brun
- 1 cuillère à café de curry en poudre
- 1/2 cuillère à café de gingembre râpé
- 1 gousse d'ail, hachée
- Jus d'un demi citron
- Brochettes en bois
- Sel et poivre, au goût
- Coriandre fraîche, pour garnir (facultatif)

Instructions :

1. Mélangez la marinade : dans un bol, combinez le lait de coco, la sauce soja, le beurre d'arachide, le sucre brun, le curry en poudre, le gingembre, l'ail, le jus de citron, le sel et le poivre.
2. Enfilez les morceaux de poulet sur les brochettes.
3. Badigeonnez les brochettes de poulet avec la marinade.
4. Préchauffez la friteuse à air à 180°C.
5. Cuisez les brochettes dans la friteuse à air préchauffée pendant environ 10 minutes, en les retournant à mi-cuisson.
6. Servez les brochettes de poulet satay chaudes, garnies de coriandre fraîche si vous le souhaitez.

Bouchées de Mozzarella à la Friteuse à Air

Préparation : 10 min | Cuisson : 5 min | Portions : 4

Ingrédients :

- 200 g de boules de mozzarella
- 1/2 tasse (60 g) de chapelure
- 1/4 tasse (30 g) de farine
- 1 œuf battu
- Assaisonnement au choix (paprika, origan, basilic)
- Sel et poivre, au goût

Instructions :

1. Enrobez les boules de mozzarella dans la farine, puis dans l'œuf battu et enfin dans la chapelure assaisonnée.
2. Préchauffez la friteuse à air à 180°C.
3. Cuisez les bouchées de mozzarella dans la friteuse à air préchauffée pendant environ 5 minutes, jusqu'à ce qu'elles soient dorées et croustillantes.
4. Servez chaud avec une sauce marinara pour tremper.

Bouchées de Tofu Croustillantes à la Friteuse à Air

Préparation : 15 min | Cuisson : 15 min | Portions : 4

Ingrédients :

- 250 g de tofu ferme, coupé en cubes
- 1/2 tasse (60 g) de fécule de maïs
- Assaisonnement au choix
- Spray d'huile de cuisson

Instructions :

1. Mélangez le tofu avec la fécule de maïs et l'assaisonnement.
2. Préchauffez la friteuse à air à 180°C.
3. Vaporisez les cubes de tofu avec de l'huile de cuisson.
4. Cuisez pendant 15 minutes, en les retournant à mi-cuisson.
5. Servez chaud avec une sauce pour tremper.

Boulettes de Viande au Sésame à la Friteuse à Air

Préparation : 15 min | Cuisson : 12 min | Portions : 4

Ingrédients :

- 500 g de viande hachée
- 2 cuillères à soupe de sauce soja
- 1 cuillère à soupe de miel
- 1 cuillère à soupe d'huile de sésame
- 1 cuillère à soupe de graines de sésame
- 2 gousses d'ail hachées
- 1 cuillère à café de gingembre frais râpé
- 1/4 de cuillère à café de poivre noir
- 1 cuillère à soupe de ciboulette fraîche hachée
- Spray d'huile de cuisson

Instructions :

1. Mélangez viande, sauce soja, miel, huile de sésame, graines de sésame, ail, gingembre, poivre noir, et ciboulette.
2. Formez des boulettes de viande.
3. Préchauffez la friteuse à air à 180°C.
4. Vaporisez les boulettes d'un peu d'huile de cuisson.
5. Cuisez les boulettes pendant 12 minutes, en les retournant à mi-cuisson.
6. Servez chaud, saupoudré de graines de sésame et de ciboulette.

Croquettes de Crabe à la Friteuse à Air

Préparation : 15 min | Cuisson : 10 min | Portions : 4

Ingrédients :

- 450 g de chair de crabe
- 30 g de chapelure
- 30 g de mayonnaise
- 30 g d'oignon vert haché
- 30 g de poivron rouge haché
- 1 cuillère à café de moutarde de Dijon
- 1 cuillère à café de jus de citron
- 1/2 cuillère à café de paprika
- 1/4 cuillère à café de sel
- 1/4 cuillère à café de poivre noir
- Spray d'huile de cuisson

Instructions :

1. Mélangez la chair de crabe, la chapelure, la mayonnaise, l'oignon vert, le poivron rouge, la moutarde de Dijon, le jus de citron, le paprika, le sel et le poivre noir dans un bol.
2. Formez des croquettes avec le mélange de crabe.
3. Préchauffez la friteuse à air à 200°C.
4. Vaporisez les croquettes d'un peu d'huile de cuisson.
5. Cuisez les croquettes pendant 10 minutes, en les retournant à mi-cuisson, jusqu'à ce qu'elles soient dorées et croustillantes.
6. Servez chaud avec une sauce d'accompagnement de votre choix.

Croquettes de Poulet à la Friteuse à Air

Préparation : 15 min | Cuisson : 12 min | Portions : 4

Ingrédients :

- 500 g de blancs de poulet, coupés en morceaux
- 100 g de chapelure
- 50 g de parmesan râpé
- 1 cuillère à café d'ail en poudre
- 1 cuillère à café de paprika
- 1/2 cuillère à café de sel
- 1/4 cuillère à café de poivre noir
- 2 œufs, battus
- Spray d'huile de cuisson

Instructions :

1. Mélangez la chapelure, le parmesan, l'ail en poudre, le paprika, le sel et le poivre dans un bol.
2. Enrobez chaque morceau de poulet d'œufs battus, puis roulez-les dans le mélange de chapelure.
3. Préchauffez la friteuse à air à 190°C.
4. Vaporisez légèrement les croquettes de poulet avec un spray d'huile de cuisson.
5. Disposez les croquettes dans le panier de la friteuse à air en une seule couche.
6. Cuisez les croquettes pendant environ 12 minutes, en les retournant à mi-cuisson, jusqu'à ce qu'elles soient dorées et croustillantes.
7. Servez chaud avec votre sauce préférée pour tremper.

Croquettes de Saumon à la Friteuse à Air

Préparation : 15 min | Cuisson : 10 min | Portions : 4

Ingrédients :

- 400 g de saumon cuit, émietté
- 1/2 oignon haché
- 2 cuillères à soupe de ciboulette fraîche
- 1 cuillère à soupe de jus de citron
- 1/2 cuillère à café de sel
- 1/4 cuillère à café de poivre noir
- 1 œuf
- 100 g de chapelure
- Spray d'huile de cuisson

Instructions :

1. Mélangez saumon, oignon, ciboulette, jus de citron, sel et poivre.
2. Incorporez l'œuf.
3. Façonnez en croquettes.
4. Enrobez de chapelure.
5. Préchauffez la friteuse à air à 190°C.
6. Vaporisez d'huile.
7. Cuisez 10 min, en retournant.
8. Servez chaud avec sauce au choix.

Jalapeño Poppers au Cheddar à la Friteuse à Air

Préparation : 15 min | Cuisson : 8 min | Portions : 4

Ingrédients :

- 8 jalapeños frais
- 200 g de fromage cheddar râpé
- 100 g de fromage à la crème
- Assaisonnement : sel, poivre, paprika, ail en poudre
- Chapelure
- Spray d'huile de cuisson

Instructions :

1. Coupez les jalapeños en deux, retirez les graines.
2. Mélangez cheddar, fromage à la crème, assaisonnement.
3. Remplissez les jalapeños avec le mélange.
4. Enrobez-les de chapelure.
5. Préchauffez la friteuse à air à 190°C.
6. Cuisez 8 min jusqu'à dorure. Servez chaud avec une sauce.

Mini-Brochettes de Boeuf à la Friteuse à Air

Préparation : 15 min | Cuisson : 10 min | Portions : 4

Ingrédients :

- 300 g de bœuf
- 1 poivron rouge
- 1 poivron vert
- 1 oignon rouge
- 2 cuillères à soupe d'huile d'olive
- 2 cuillères à soupe de sauce soja
- 1 cuillère à soupe de miel
- 1 cuillère à café de paprika
- Sel et poivre
- Brochettes en bois

Instructions :

1. Coupez le bœuf en cubes de 2 cm et assaisonnez.
2. Enfilez sur les brochettes les morceaux de bœuf, poivron et oignon.
3. Mélangez l'huile, la sauce soja et le miel, puis badigeonnez les brochettes.
4. Préchauffez la friteuse à air à 200°C.
5. Cuisez les brochettes pendant 10 minutes, en les retournant à mi-cuisson. Servez chaud.

Mini-Burgers de Poulet à la Friteuse à Air

Préparation : 15 min | Cuisson : 12-15 min par lot | Portions : Env. 4 mini-burgers.

Ingrédients :

- 450 g de poulet haché
- 30 g de chapelure
- 30 g de fromage râpé
- 30 g d'oignons verts hachés
- 1 gousse d'ail émincée
- 5 g de paprika
- 2,5 g de sel
- 1,25 g de poivre noir
- 1,25 g de poudre d'oignon
- 1,25 g de poudre d'ail

Instructions :

1. Mélangez tous les ingrédients pour les mini-burgers.
2. Façonnez-les en disques.
3. Préchauffez la friteuse à air à 190°C.
4. Cuisez les mini-burgers pendant 12-15 min, en les retournant à mi-cuisson.
5. Pendant la cuisson, faites toaster les petits pains.
6. Assemblez les mini-burgers avec la laitue, la tomate, le fromage, le ketchup, et la moutarde, selon votre goût. Servez chaud.

Mini-Pizza à la Friteuse à Air

Préparation : 15 minutes | Cuisson : 8-10 minutes | Portions : Environ 4 mini-pizzas.

Ingrédients :

- 200-250 g de pâte à pizza
- 120 ml de sauce tomate pour pizza
- 180 g de fromage râpé
- Garnitures au choix

Instructions :

1. Préchauffez la friteuse à air à 180°C.
2. Étalez la pâte, découpez-la pour les moules.
3. Garnissez et cuisez pendant 8-10 min. Servez chaud.

Mini-Quiches aux Épinards à la Friteuse à Air

Préparation : 15 minutes | Cuisson : 10-12 minutes | Portions : Environ 12 mini-quiches.

Ingrédients :

Pour la pâte :

- 200-250 g de pâte à tarte
- Farine (pour saupoudrer lors du roulement de la pâte)

Pour la garniture :

- 100 g de jeunes épinards hachés
- 50 g de fromage râpé (parmesan, mozzarella, ou de votre choix)
- 3 œufs
- 120 ml de lait
- Sel et poivre, au goût
- Une pincée de noix de muscade (facultatif)

Instructions :

1. Préchauffez la friteuse à air à 180°C.
2. Étalez la pâte, découpez des cercles ou carrés pour les moules.
3. Placez la pâte dans les moules de la friteuse.
4. Préparez la garniture en mélangeant les épinards, le fromage, les œufs, le lait, le sel, le poivre et la noix de muscade.
5. Remplissez les mini-quiches avec la garniture.
6. Cuisez pendant 10-12 min jusqu'à ce que les quiches soient dorées. Servez chaud.

Chapitre 3 :

Petit-Déjeuner à la Friteuse à Air

Beignets à la Pomme

Préparation : 15 min | Cuisson : 10 min | Portions : 4

Ingrédients :

- 2 pommes, coupées en morceaux
- 125 g de farine
- 30 g de sucre
- 5 g de levure chimique
- Une pincée de sel
- 120 ml de lait
- 1 œuf
- 15 ml d'huile végétale
- Sucre en poudre

Instructions :

1. Mélangez les ingrédients pour obtenir une pâte.
2. Préchauffez la friteuse à air à 180°C.
3. Déposez des portions de pâte dans le panier de la friteuse à air.
4. Cuisez pendant 10 minutes jusqu'à ce qu'ils soient dorés.
5. Saupoudrez de sucre en poudre.
6. Dégustez !

Churros au Cannelle et Sucre à la Friteuse à Air

Préparation : 10 min | Cuisson : 15 min | Portions : 4

Ingrédients :

- Eau : 240 ml
- Sucre : 25 g
- Sel : 3 g
- Huile végétale : 30 ml
- Farine tout usage : 125 g
- Cannelle en poudre : 1 g
- Sucre granulé
- Huile de cuisson

Instructions :

1. Portez l'eau à ébullition avec le sucre, le sel, et l'huile.
2. Incorporez la farine pour former une pâte lisse.
3. Transférez dans une poche à douille.
4. Faites frire jusqu'à dorure.
5. Enrobez de sucre et de cannelle.
6. Servez chaud.

Gaufres Légères à la Friteuse à Air

Préparation : 10 min | Cuisson : 5 min | Portions : 4

Ingrédients

- 250 g de farine
- 15 g de sucre
- 10 g de levure chimique
- 2 œufs
- 500 ml de lait
- 50 ml d'huile végétale
- 5 g de vanille (facultatif)
- Une pincée de sel

Instructions :

1. Mélangez les ingrédients secs dans un bol.
2. Battez les œufs, ajoutez les ingrédients liquides.
3. Incorporez les ingrédients liquides aux ingrédients secs pour former une pâte.
4. Cuisez dans la friteuse à air préchauffée.
5. Servez chaud avec vos garnitures préférées.

Muffins aux Œufs et Légumes à l'Air

Préparation : 10 min | Cuisson : 15 min | Portions : 6 muffins

Ingrédients

- 200 g de légumes mélangés
- 100 g de fromage râpé
- 6 œufs
- 30 ml de lait
- Sel, poivre, herbes

Instructions :

1. Préchauffez la friteuse à air à 180°C.
2. Battez les œufs avec le lait, ajoutez les légumes, le fromage, les herbes, le sel et le poivre.
3. Remplissez des moules à muffins.
4. Cuisez 15 min dans la friteuse à air.
5. Laissez refroidir légèrement avant de déguster.

Pancakes à la Friteuse à Air

Préparation : 10 min | Cuisson : 5 min | Portions : 4 pancakes

Ingrédients

- 125 g de farine
- 15 g de sucre
- 5 g de levure chimique
- 1 œuf
- 150 ml de lait
- 30 ml d'huile végétale
- Sel, vanille (facultatif)

Instructions :

1. Mélangez les ingrédients secs dans un bol.
2. Battez les œufs, ajoutez les ingrédients liquides.
3. Incorporez les ingrédients liquides aux ingrédients secs pour obtenir une pâte lisse.
4. Cuisez dans la friteuse à air préchauffée.
5. Servez chaud avec vos garnitures préférées.

Pain Perdu à la Friteuse à Air

Préparation : 10 min | Cuisson : 10 min | Portions : 4

Ingrédients

- 4 tranches de pain
- 2 œufs
- 120 ml de lait
- 15 g de sucre
- 5 g de cannelle en poudre
- 5 g de vanille (facultatif)
- Sel

Instructions :

1. Battez les œufs, ajoutez le lait, le sucre, la cannelle, la vanille (si vous le souhaitez), et une pincée de sel. Mélangez.
2. Trempez le pain dans ce mélange.
3. Cuisez dans la friteuse à air préchauffée.
4. Servez chaud avec vos garnitures préférées.

Pain à la Cannelle et aux Noix de Pécan à la Friteuse à Air

Préparation : 15 min | Cuisson : 20 min | Portions : 8-10 tranches

Ingrédients :

- 250 g de farine
- 200 g de sucre
- 10 g de poudre à lever
- 3 g de sel
- 240 ml de lait
- 60 ml d'huile végétale
- 2 œufs

- 5 ml d'extrait de vanille
- 60 g de noix de pécan hachées
- 10 g de cannelle en poudre
- **Pour le glaçage :**
- 120 g de sucre glace
- 30 ml de lait
- 2,5 ml d'extrait de vanille

Instructions :

1. Préchauffez la friteuse à air à 180°C (350°F).
2. Mélangez les ingrédients dans un bol.
3. Cuisez dans la friteuse à air pendant environ 20 minutes.
4. Pour le glaçage, mélangez les ingrédients jusqu'à obtenir une consistance lisse.
5. Versez le glaçage sur le pain refroidi.
6. Découpez et dégustez !

Œufs Brouillés aux Herbes à la Friteuse à Air

Préparation : 5 min | Cuisson : 5 min | Portions : 2 personnes

Ingrédients :

- 4 œufs
- 2 cuillères à soupe de lait

- 2 cuillères à soupe de fines herbes fraîches hachées
- Sel et poivre, au goût

Instructions :

1. Battez les œufs, le lait, le sel et le poivre dans un bol.
2. Préchauffez la friteuse à air à 160°C (325°F).
3. Versez le mélange d'œufs dans un plat pour la friteuse à air.
4. Cuisez en remuant pendant environ 5 minutes, jusqu'à obtenir une consistance crémeuse.
5. Ajoutez les herbes fraîches.
6. Servez chaud. Accompagnez d'une tranche de pain grillé ou de légumes sautés si vous le souhaite

Pain aux Bananes et Noix à la Friteuse à Air

Préparation : 15 min | Cuisson : 45 min | Portions : 1 pain (environ 10 tranches)

Ingrédients :

- 3 bananes écrasées
- 200 g de sucre
- 80 ml d'huile végétale
- 1 œuf
- 1 cuillère à café d'extrait de vanille

- 1 cuillère à café de bicarbonate de soude
- Pincée de sel
- 190 g de farine
- 100 g de noix hachées

Instructions :

1. Préchauffez la friteuse à air à 175°C.
2. Mélangez bananes, sucre, huile, œuf, vanille, bicarbonate, sel.
3. Incorporez la farine et les noix.
4. Cuisez dans la friteuse à air pendant 45 min.
5. Laissez refroidir et dégustez !

Croissants aux Amandes à la Friteuse à Air

Préparation : 10 min | Cuisson : 12 min | Portions : 4

Ingrédients :

- 4 croissants
- 100 g d'amandes effilées
- 40 g de sucre en poudre
- 40 g de beurre fondu
- 5 g de vanille (facultatif)

Instructions :

1. Mélangez les amandes, le sucre, le beurre et la vanille.
2. Garnissez les croissants avec ce mélange.
3. Cuisez dans la friteuse à air préchauffée.
4. Laissez refroidir légèrement avant de déguster.

Bagels Croustillants à la Friteuse à Air

Préparation : 10 min | Cuisson : 10 min | Portions : 4

Ingrédients :

- 4 bagels
- 30 g de beurre fondu
- 5 g de sel
- 5 g d'ail en poudre
- 5 g de persil haché (facultatif)

Instructions :

1. Préchauffez la friteuse à air à 180°C.
2. Mélangez beurre, sel, ail, et persil.
3. Badigeonnez les bagels coupés avec ce mélange.
4. Cuisez dans la friteuse à air pendant 5-7 minutes.
5. Laissez refroidir légèrement avant de déguster.

Frittata aux Légumes et Fromage à la Friteuse à Air

Préparation : 10 min | Cuisson : 15 min | Portions : 4

Ingrédients

- 200 g de légumes mélangés
- 100 g de fromage râpé
- 6 œufs
- 30 ml de lait
- Sel, poivre, herbes

Instructions :

1. Préchauffez la friteuse à air à 180°C.
2. Battez les œufs, ajoutez le lait, le fromage, les légumes, les herbes, le sel et le poivre.
3. Cuisez 15 min dans la friteuse à air.
4. Laissez refroidir légèrement avant de découper et de servir.

Biscuits au Cheddar et à la Ciboulette à la Friteuse à Air

Préparation : 15 min | Cuisson : 10 min | Portions : 12 biscuits

Ingrédients :

- 250 g de farine tout usage
- 15 g de sucre
- 15 g de poudre à lever
- 115 g de beurre
- 150 g de cheddar râpé
- 2 cuillères à soupe de ciboulette fraîche hachée
- 160 ml de lait

Instructions :

1. Préchauffez la friteuse à air à 180°C (350°F).
2. Mélangez les ingrédients pour former une pâte.
3. Façonnez des biscuits et placez-les dans la friteuse à air.
4. Cuisez environ 10 minutes, jusqu'à ce qu'ils soient dorés.
5. Laissez refroidir légèrement et dégustez.

Crêpes aux Fruits de Saison à la Friteuse à Air

Préparation : 10 min | Cuisson : 15 min | Portions : 4 crêpes

Ingrédients :

- 125 g de farine
- 2 cuillères à soupe de sucre
- 240 ml de lait
- 1 œuf
- 2 cuillères à soupe d'huile végétale
- Fruits de saison
- Sucre glace (facultatif)
- Sirop d'érable (facultatif)

Instructions :

1. Mélangez les ingrédients pour obtenir une pâte lisse.
2. Préchauffez la friteuse à air à 180°C.
3. Versez la pâte dans la friteuse et cuisez pendant environ 5 minutes de chaque côté.
4. Garnissez avec des fruits de saison, saupoudrez de sucre glace (facultatif) et servez avec du sirop d'érable (facultatif).

Œufs Benedict à l'Air

Préparation : 20 min | Cuisson : 15 min | Portions : 4

Ingrédients :

- 4 œufs
- 2 muffins anglais
- 4 tranches de jambon cuit
- 1 cuillère à soupe de vinaigre blanc
- Sauce hollandaise (prête à l'emploi ou maison)
- Ciboulette fraîche hachée (facultatif)
- Sel et poivre, au goût

Instructions :

1. Préchauffez la friteuse à air à 180°C.
2. Pochez les œufs dans de l'eau frémissante.
3. Faites griller les muffins.
4. Sur chaque muffin, placez le jambon et l'œuf poché.
5. Nappez de sauce hollandaise.
6. Servez et assaisonnez à votre goût.
7. Dégustez !

Smoothie Bols aux Baies et Avoine à la Friteuse à Air

Préparation : 10 min | Cuisson : 5 min | Portions : 2 bols

Ingrédients :

- 1 tasse (150 g) de baies mélangées (fraises, myrtilles, framboises, etc.)
- 1 banane
- 1/2 tasse (120 ml) de yaourt grec
- 1/4 de tasse (20 g) d'avoine
- 1 cuillère à soupe de miel (facultatif)
- Fruits frais (pour garnir, facultatif)
- Noix hachées (pour garnir, facultatif)

Instructions :

1. Préchauffez la friteuse à air à 180°C (350°F).
2. Dans un mixeur, combinez les baies mélangées, la banane, le yaourt grec, l'avoine, et le miel (si désiré). Mixez jusqu'à obtenir un mélange lisse.
3. Versez le mélange dans des bols.
4. Cuisez au four à air préchauffé pendant environ 5 minutes, ou jusqu'à ce que le dessus soit légèrement doré.
5. Garnissez de fruits frais et de noix hachées, si vous le souhaitez.
6. Dégustez votre smoothie bowl aux baies et avoine croustillant préparé dans la friteuse à air !

Pain aux Cranberries et à l'Orange à la Friteuse à Air

Préparation : 10 min | Cuisson : 20 min | Portions : 1 pain

Ingrédients :

- 200 g de farine
- 100 g de sucre
- 2 cuillères à café de levure chimique
- 1/2 cuillère à café de sel
- Zeste et jus d'une orange
- 2 cuillères à soupe d'huile végétale
- 1 œuf
- 100 g de cranberries séchées

Instructions :

1. Mélangez tous les ingrédients dans un bol.
2. Préchauffez la friteuse à air à 180°C.
3. Versez la pâte dans un moule adapté à la friteuse à air.
4. Cuisez pendant environ 20 minutes.
5. Laissez refroidir avant de déguster.

Quiche Lorraine Légère à la Friteuse à Air

Préparation : 15 min | Cuisson : 20 min | Portions : 4 à 6

Ingrédients :

1 pâte brisée légère
200 g de lardons allégés
150 g de gruyère râpé allégé
3 œufs

200 ml de lait écrémé
200 ml de crème fraîche légère
Sel, poivre, noix de muscade

Instructions :

1. Préchauffez la friteuse à air à 180°C.
2. Disposez la pâte dans un moule.
3. Cuisez la pâte pendant 5 minutes dans la friteuse à air.
4. Faites revenir les lardons.
5. Dans un bol, battez les œufs, ajoutez le lait, la crème, le gruyère, les assaisonnements.
6. Sortez la pâte précuite, ajoutez les lardons.
7. Versez le mélange d'œufs et de crème.
8. Cuisez dans la friteuse à air pendant 20 minutes.
9. Laissez refroidir et servez.

Crêpes à la Citrouille à la Friteuse à Air

Préparation : 10 min | Cuisson : 15 min | Portions : 4

Ingrédients :

- 1 tasse (125 g) de purée de citrouille
- 1 tasse (125 g) de farine
- 1 cuillère à soupe de sucre
- 1/2 cuillère à café de cannelle
- 1/4 de cuillère à café de noix de muscade
- 1/4 de cuillère à café de gingembre moulu
- 1/4 de cuillère à café de sel
- 1 tasse (240 ml) de lait
- 1 œuf
- 2 cuillères à soupe d'huile végétale
- Sirop d'érable (facultatif)

Instructions :

1. Mélangez tous les ingrédients pour obtenir une pâte lisse.
2. Préchauffez la friteuse à air à 180°C.
3. Versez une petite quantité de pâte dans le panier de la friteuse à air.
4. Cuisez pendant environ 5 minutes de chaque côté.
5. Servez avec du sirop d'érable si désiré.

Frittata aux Champignons et Épinards à la Friteuse à Air

Préparation : 15 min | Cuisson : 15 min | Portions : 4

Ingrédients :

- 8 œufs
- 200 g de champignons
- 100 g d'épinards frais
- 1 oignon
- 1/2 tasse (120 ml) de lait
- 1/2 tasse (50 g) de fromage râpé
- Sel, poivre
- 1 cuillère à soupe d'huile d'olive

Instructions :

1. Faites sauter les champignons et l'oignon dans une poêle.
2. Ajoutez les épinards et faites-les cuire.
3. Battez les œufs, ajoutez le lait, le fromage, le sel et le poivre.
4. Préchauffez la friteuse à air à 180°C.
5. Incorporez les légumes dans le mélange d'œufs.
6. Versez dans la friteuse à air et cuisez environ 15 minutes.
7. Découpez et servez.

Chapitre 4 :

Entrées et Amuse-Gueules à la Friteuse à Air

Ailes de Poulet Croustillantes à la Friteuse à Air

Préparation : 10 min | Cuisson : 20 min | Portions : 4

Ingrédients :

- 1 kg d'ailes de poulet
- 2 cuillères à soupe d'huile d'olive
- Assaisonnements (sel, poivre, paprika, ail, oignon, thym, romarin)
- Sauce barbecue (pour servir, facultatif)

Instructions :

1. Mélangez les ailes de poulet avec l'huile et les assaisonnements.
2. Préchauffez la friteuse à air à 200°C.
3. Cuisez les ailes pendant 20 minutes, en les retournant à mi-cuisson.
4. Servez avec de la sauce barbecue, si désiré.

Beignets d'Oignon à l'Air

Préparation : 10 min | Cuisson : 15 min | Portions : 4

Ingrédients

- 2 oignons
- 120 g de farine
- 5 g de paprika
- 5 g de sel
- 5 g de poivre
- 2 œufs
- 120 ml de lait
- 30 ml d'huile végétale

Instructions :

1. Coupez les oignons en rondelles.
2. Mélangez la farine, le paprika, le sel et le poivre.
3. Battez les œufs et ajoutez le lait.
4. Enrobez les rondelles d'oignon : œufs, farine.
5. Cuisez dans la friteuse à air préchauffée.
6. Servez chaud avec une sauce d'accompagnement.

Boulettes de Viande à la Friteuse à Air

Préparation : 10 min | Cuisson : 15 min | Portions : 4

Ingrédients :

- 500 g de viande hachée (bœuf, porc, ou mélange)
- 100 g de chapelure
- 1 œuf
- 5 g de sel
- 5 g de poivre
- 5 g de paprika
- 5 g d'ail en poudre

Instructions :

1. Dans un bol, mélangez la viande hachée, la chapelure, l'œuf, le sel, le poivre, le paprika et l'ail en poudre.
2. Formez des boulettes de viande de taille égale.
3. Préchauffez la friteuse à air à 180°C.
4. Placez les boulettes de viande dans le panier de la friteuse à air.
5. Cuisez pendant environ 15 minutes ou jusqu'à ce qu'elles soient bien cuites et dorées.
6. Servez chaud avec la sauce de votre choix.

Mozzarella Sticks Frits à l'Air

Préparation : 10 min | Cuisson : 10 min | Portions : 4

Ingrédients :

- 200 g de bâtonnets de mozzarella
- 100 g de chapelure
- 2 œufs
- 5 g de sel, de poivre, et d'ail en poudre
- 30 ml d'huile d'olive

Instructions :

1. Battez les œufs dans un bol.
2. Mélangez la chapelure avec le sel, le poivre, et l'ail en poudre dans un autre bol.
3. Enrobez les bâtonnets de mozzarella dans les œufs, puis dans la chapelure (répétez pour une double couche).
4. Cuisez dans la friteuse à air préchauffée jusqu'à dorure (environ 10 minutes).
5. Servez chaud avec de la sauce marinara.

Jalapeño Poppers

Préparation : 15 min | Cuisson : 10 min | Portions : 4

Ingrédients:

- 8 gros jalapeños
- 200 g de fromage à la crème
- 100 g de cheddar râpé
- 100 g de bacon croustillant, émietté
- 30 g de chapelure
- 2 œufs
- 5 g de sel
- 5 g de poivre

Instructions :

1. Coupez les jalapeños en deux dans le sens de la longueur et retirez les graines.
2. Dans un bol, mélangez le fromage à la crème, le cheddar râpé et le bacon émietté.
3. Remplissez chaque moitié de jalapeño avec ce mélange.
4. Battez les œufs dans un bol.
5. Passez les jalapeños farcis dans les œufs battus, puis dans la chapelure.
6. Préchauffez la friteuse à air à 180°C.
7. Placez les jalapeño poppers dans le panier de la friteuse à air.
8. Cuisez pendant environ 10 minutes ou jusqu'à ce qu'ils soient dorés et croustillants.
9. Servez chaud avec de la sauce ranch ou une sauce à la crème aigre.

Croquettes de Crabe

Préparation : 15 min | Cuisson : 10 min | Portions : 4

Ingrédients :

- 300 g de chair de crabe
- 100 g de chapelure
- 2 œufs
- 30 ml de mayonnaise
- 5 ml de moutarde
- 5 g de persil haché
- Sel, poivre
- 30 ml d'huile végétale

Instructions :

1. Mélangez chair de crabe, moitié de la chapelure, œufs, mayonnaise, moutarde, persil, sel, et poivre.
2. Formez des croquettes.
3. Enrobez-les de chapelure.
4. Cuisez dans la friteuse à air préchauffée.
5. Servez chaud avec sauce tartare.

Raviolis Frits

Préparation : 10 min | Cuisson : 5 min | Portions : 4

Ingrédients :

- 200 g de raviolis (frais ou congelés)
- 100 g de chapelure
- 2 œufs
- 30 ml de lait
- 5 g de sel
- 5 g de poivre
- 5 g d'ail en poudre
- 30 ml d'huile végétale

Instructions :

1. Battez les œufs dans un bol et ajoutez le lait.
2. Dans un autre bol, mélangez la chapelure, le sel, le poivre et l'ail en poudre.
3. Passez les raviolis dans le mélange d'œufs et de lait, puis dans la chapelure.
4. Préchauffez la friteuse à air à 180°C.
5. Badigeonnez les raviolis d'huile végétale.
6. Placez les raviolis dans le panier de la friteuse à air.
7. Cuisez pendant environ 5 minutes ou jusqu'à ce qu'ils soient dorés et croustillants.
8. Servez chaud avec une sauce marinara.

Churros au Fromage

Préparation : 15 min | Cuisson : 10 min | Portions : 4

Ingrédients :

- 200 g de fromage (de votre choix, coupé en bâtonnets)
- 150 g de farine
- 5 g de sel
- 5 g de poivre
- 2 œufs
- 150 ml d'eau
- 30 ml d'huile d'olive

Instructions :

1. Insérez les bâtonnets de fromage dans chaque churro.
2. Dans une casserole, faites bouillir l'eau avec le sel et l'huile d'olive.
3. Retirez du feu et ajoutez la farine en remuant rapidement jusqu'à l'obtention d'une pâte homogène.
4. Incorporez les œufs un à un, en mélangeant bien après chaque ajout.
5. Préchauffez la friteuse à air à 180°C.
6. Remplissez une poche à douille de pâte.
7. Pressez la pâte pour former des churros fourrés au fromage dans la friteuse à air.
8. Cuisez pendant environ 10 minutes ou jusqu'à ce qu'ils soient dorés.
9. Servez chaud avec de la sauce tomate ou une sauce à la crème aigre.

Beignets de Calmar

Préparation : 15 min | Cuisson : 10 min | Portions : 4

Ingrédients :

- 300 g d'anneaux de calmar
- 150 g de farine
- 2 œufs
- 150 ml de lait
- 5 g de sel, de poivre, de paprika et d'ail en poudre
- 30 ml d'huile végétale

Instructions :

1. Mélangez farine, sel, poivre, paprika et ail en poudre dans un bol.
2. Battez les œufs et ajoutez le lait dans un autre bol.
3. Passez les anneaux de calmar dans le mélange d'œufs et de lait, puis dans la farine.
4. Cuisez dans la friteuse à air préchauffée jusqu'à dorure (environ 10 minutes).
5. Servez chaud avec sauce tartare ou au citron.

Accras de Morue

Préparation : 20 min | Cuisson : 15 min | Portions : 4

Ingrédients :

- 200 g de morue salée (préalablement dessalée et émiettée)
- 150 g de farine
- 1 œuf
- 1 oignon (haché)
- 1 gousse d'ail (hachée)
- 5 g de piment (haché, selon votre préférence)
- 5 g de thym
- 5 g de persil (haché)
- 5 g de sel
- 5 g de poivre
- 1/2 sachet de levure chimique
- 150 ml d'eau
- 30 ml d'huile végétale

Instructions :

1. Dans un bol, mélangez la farine, la levure chimique, l'œuf, l'huile, l'eau, le sel et le poivre pour obtenir une pâte lisse.
2. Incorporez la morue émiettée, l'oignon, l'ail, le piment, le thym et le persil dans la pâte.
3. Préchauffez la friteuse à air à 180°C.
4. Formez de petites boules avec la pâte et placez-les dans le panier de la friteuse à air.
5. Cuisez pendant environ 15 minutes ou jusqu'à ce qu'ils soient dorés et croustillants.
6. Servez chaud avec une sauce pimentée ou une sauce créole.

Boulettes de Falafel à la Friteuse à Air

Préparation : 15 min | Cuisson : 15 min | Portions : 4

Ingrédients:

- 200 g de pois chiches cuits
- 30 g de persil frais
- 5 g de cumin en poudre
- 5 g de coriandre en poudre
- 5 g de sel
- 5 g de poivre
- 2 gousses d'ail
- 1 oignon moyen
- 30 ml d'huile d'olive
- 150 g de chapelure

Instructions :

1. Mixez pois chiches, persil, cumin, coriandre, sel, poivre, ail et oignon pour obtenir une pâte épaisse.
2. Formez des boulettes, roulez-les dans la chapelure.
3. Cuisez à la friteuse à air préchauffée.
4. Servez chaud avec sauce au yaourt à la menthe ou tahini.

Croustilles de Polenta à la Friteuse à Air

Préparation : 15 min | Cuisson : 20 min | Portions : 4

Ingrédients :

- 200 g de polenta
- 1000 ml d'eau
- Sel, poivre, paprika, ail en poudre
- 30 ml d'huile d'olive

Instructions :

1. Cuisez la polenta dans de l'eau avec les assaisonnements.
2. Étalez la polenta refroidie et découpez en croustilles.
3. Cuisez à la friteuse à air préchauffée.
4. Servez chaud avec sauce marinara ou à la crème aigre.

Bouchées de Cheddar Jalapeño à la Friteuse à Air

Préparation : 15 min | Cuisson : 10 min | Portions : 4

Ingrédients:

- 150 g de fromage cheddar
- 100 g de piments jalapeño (frais ou en conserve)
- 150 g de farine
- 150 g de chapelure
- 2 œufs
- 5 g de paprika, ail en poudre, sel et poivre

Instructions :

1. Insérez une rondelle de piment jalapeño dans chaque morceau de fromage cheddar.
2. Enrobez les bouchées dans la farine assaisonnée.
3. Trempez-les dans les œufs battus, puis roulez-les dans la chapelure.
4. Cuisez à la friteuse à air préchauffée.
5. Servez chaud avec sauce ranch ou crème aigre.

Tempura de Légumes à la Friteuse à Air

Préparation : 15 min | Cuisson : 10 min | Portions : 4

Ingrédients:

- 200 g de légumes assortis (ex. : carottes, courgettes, brocolis)
- 150 g de farine
- 5 g de fécule de maïs
- 5 g de sel
- 150 ml d'eau glacée
- 5 ml de sauce soja
- 5 ml de vinaigre de riz
- 5 ml de mirin
- 5 ml de sauce de piment (selon votre préférence)

Instructions :

1. Préparez les légumes.
2. Mélangez la farine, la fécule de maïs et le sel avec l'eau glacée pour obtenir une pâte légère.
3. Préchauffez la friteuse à air à 190°C.
4. Trempez les légumes dans la pâte à tempura et cuisez-les à la friteuse à air pendant 10 minutes.
5. Préparez une sauce en mélangeant la sauce soja, le vinaigre de riz, le mirin et la sauce piment.
6. Servez chaud avec la sauce dip.

Samoussas au Poulet à la Friteuse à Air

Préparation : 20 min | Cuisson : 12 min | Portions : 4

Ingrédients :

- 200 g de poulet cuit et émincé
- 100 g de légumes variés
- 10 g de gingembre frais râpé
- 5 g d'épices (cumin, coriandre, curry)
- 2 feuilles de pâte filo
- 15 ml d'huile d'olive
- Sel et poivre

Instructions :

1. Faites revenir le poulet, les légumes, les épices et le gingembre dans une poêle jusqu'à tendreté. Assaisonnez.
2. Préchauffez la friteuse à air à 180°C.
3. Découpez et pliez la pâte filo en triangles, garnissez-les du mélange au poulet.
4. Vaporisez d'huile d'olive et cuisez 12 minutes à la friteuse.
5. Servez chaud avec sauce aigre-douce ou à la menthe.

Beignets de Maïs à la Friteuse à Air

Préparation : 15 min | Cuisson : 12 min | Portions : 4

Ingrédients:

- 150 g de farine de maïs
- 100 g de farine tout usage
- 5 g de poudre à lever
- 5 g de sucre
- 2 œufs
- 150 ml de lait
- 30 ml d'huile végétale
- 150 g de maïs en grains (en conserve, égoutté)
- Sel et poivre, selon votre goût

Instructions :

1. Dans un bol, mélangez la farine de maïs, la farine tout usage, la poudre à lever et le sucre.
2. Incorporez les œufs, le lait et l'huile pour former une pâte lisse.
3. Ajoutez les grains de maïs et assaisonnez avec du sel et du poivre.
4. Préchauffez la friteuse à air à 180°C.
5. Déposez des cuillerées de pâte dans le panier de la friteuse à air.
6. Cuisez pendant environ 12 minutes, jusqu'à ce qu'ils soient dorés et croustillants.
7. Servez chaud en accompagnement ou en apéritif.

Tofu Croustillant aux Arachides à la Friteuse à Air

Préparation : 20 min | Cuisson : 15 min | Portions : 4

Ingrédients:

- 300 g de tofu ferme (coupé en cubes)
- 50 g de cacahuètes non salées (concassées)
- 75 g de farine de maïs
- 5 g d'épices (paprika, ail, gingembre, sel, poivre)
- 2 œufs (battus)
- 15 ml de sauce soja
- 15 ml d'huile d'arachide
- 30 ml de sirop d'érable

Instructions :

- Mélangez les épices avec la farine de maïs.
- Passez les cubes de tofu dans les œufs battus, puis dans le mélange de farine assaisonnée.
- Cuisez les cubes de tofu dans la friteuse à air préchauffée à 180°C pendant environ 15 minutes, jusqu'à dorure.
- Pendant ce temps, préparez la sauce en mélangeant la sauce soja, l'huile d'arachide et le sirop d'érable.
- Enrobez les cubes de tofu cuits dans la sauce et saupoudrez de cacahuètes. Servez chaud.

Crevettes à la Noix de Coco à la Friteuse à Air

Préparation : 15 min | Cuisson : 10 min | Portions : 4

Ingrédients :

- 200 g de crevettes décortiquées
- 100 g de noix de coco râpée
- 75 g de farine tout usage
- 5 g de paprika
- 5 g de sel
- 2 œufs (battus)
- 30 ml de lait de coco
- 30 ml de sauce aigre-douce
- 15 ml d'huile d'olive

Instructions :

1. Mélangez la farine, le paprika et le sel.
2. Passez les crevettes dans ce mélange, puis dans les œufs battus et dans la noix de coco râpée.
3. Cuisez à la friteuse à air préchauffée à 180°C pendant environ 10 minutes.
4. Servez chaud avec une sauce dip à base de lait de coco et de sauce aigre-douce.

Quesadillas à la Friteuse à Air

Préparation : 10 min | Cuisson : 10 min | Portions : 2

Ingrédients:

- 200 g de blanc de poulet cuit
- 100 g de fromage râpé
- 4 tortillas de blé
- 100 g de poivron rouge
- 100 g de poivron vert
- 50 g d'oignon
- 30 ml d'huile d'olive
- 10 g de chili en poudre
- Sel et poivre

Instructions :

1. Faites sauter le poulet, les poivrons et l'oignon dans l'huile d'olive avec le chili en poudre, du sel et du poivre.
2. Préchauffez la friteuse à air à 180°C.
3. Garnissez chaque tortilla de mélange de poulet et de légumes, puis de fromage.
4. Cuisez les quesadillas à la friteuse à air pendant environ 10 minutes, jusqu'à dorure.
5. Servez chaud avec salsa, crème aigre, ou guacamole.

Nachos au Fromage et Guacamole à la Friteuse à Air

Préparation : 15 min | Cuisson : 10 min | Portions : 4

Ingrédients:

Pour les nachos :

- 150 g de chips de maïs
- 200 g de fromage râpé
- 100 g de jalapeños en tranches
- Pour le guacamole :
- 200 g d'avocats
- 50 g d'oignon rouge
- 50 g de tomates
- 1 gousse d'ail
- 5 g de coriandre fraîche
- Le jus de 1 citron vert
- Sel et poivre

Instructions :

1. Préchauffez la friteuse à air à 180°C.
2. Disposez les chips de maïs sur une plaque, saupoudrez de fromage râpé et de jalapeños.
3. Cuisez les nachos à la friteuse à air pendant environ 10 minutes, jusqu'à ce que le fromage fonde et que les chips soient croustillantes.
4. Préparez le guacamole en écrasant les avocats dans un bol, puis en ajoutant l'oignon rouge, les tomates, l'ail, la coriandre, le jus de citron vert, du sel et du poivre. Mélangez bien.
5. Servez avec les nachos chauds.

Chapitre 5 :

Plats Principaux à Base de Viande avec une Friteuse à Air

Poulet Teriyaki à l'Air

Préparation : 10 min | Cuisson : 20 min | Portions : 4

Ingrédient :

- 500 g de cuisses de poulet désossées
- 120 ml de sauce teriyaki
- 30 ml de sauce soja
- 30 ml de mirin
- 30 g de sucre

- 5 g d'ail émincé
- 5 g de gingembre râpé
- 10 g d'huile de sésame
- Graines de sésame et oignons verts (pour la garniture)

Instructions :

1. Mélangez la sauce teriyaki, la sauce soja, le mirin, le sucre, l'ail et le gingembre dans un bol.
2. Coupez le poulet en morceaux et marinez-les dans le mélange de sauce pendant 15 minutes.
3. Préchauffez la friteuse à air à 200°C.
4. Cuisez le poulet dans la friteuse à air préchauffée pendant 15-20 minutes, en les retournant à mi-cuisson, jusqu'à ce qu'ils soient dorés et cuits.
5. Arrosez d'huile de sésame et garnissez de graines de sésame et d'oignons verts.

Poitrines de Poulet à la Sauce au Poivre

Préparation : 10 min | Cuisson : 20 min | Portions : 4

Ingrédients:

- 600 g de poitrines de poulet
- 10 g de poivre noir moulu
- 5 g de sel
- 15 ml d'huile d'olive

- 30 ml de bouillon de poulet
- 200 ml de crème épaisse
- 10 g de beurre

Instructions :

1. Assaisonnez les poitrines de poulet avec le sel et le poivre.
2. Préchauffez la friteuse à air à 180°C.
3. Cuisez les poitrines de poulet dans la friteuse à air préchauffée pendant 20 minutes jusqu'à cuisson.
4. Pendant la cuisson, préparez la sauce en mélangeant l'huile d'olive, le bouillon de poulet et la crème épaisse dans une poêle. Faites mijoter.
5. Incorporez le beurre dans la sauce pour la rendre crémeuse.
6. Servez les poitrines de poulet nappées de sauce au poivre.

Tenders de Dinde Croustillants

Préparation : 15 min | Cuisson : 12 min | Portions : 4

Ingrédients:

400 g de tenders de dinde
100 g de chapelure
50 g de parmesan râpé
5 g de paprika

5 g de sel
2 g de poivre
2 œufs
30 ml d'huile d'olive

Instructions :

1. Préchauffez la friteuse à air à 200°C.
2. Mélangez la chapelure, le parmesan, le paprika, le sel et le poivre dans un bol.
3. Battez les œufs dans un autre bol.
4. Enrobez les tenders de dinde dans les œufs battus, puis dans le mélange de chapelure.
5. Placez les tenders de dinde panés dans la friteuse à air préchauffée.
6. Arrosez d'huile d'olive et cuisez environ 12 minutes jusqu'à ce qu'ils soient dorés et croustillants.
7. Servez chaud avec une sauce de votre choix.

Cuisses de Poulet Barbecue

Préparation : 10 min | Cuisson : 30 min | Portions : 4

Ingrédients:

- 800 g de cuisses de poulet
- 200 ml de sauce barbecue
- 10 g de paprika
- 5 g de sel
- 5 g de poivre
- 5 g d'ail en poudre
- 30 ml d'huile d'olive

Instructions :

1. Préchauffez la friteuse à air à 180°C.
2. Mélangez la sauce barbecue, le paprika, le sel, le poivre et l'ail en poudre dans un bol.
3. Badigeonnez les cuisses de poulet avec ce mélange.
4. Placez les cuisses de poulet dans la friteuse à air préchauffée.
5. Arrosez d'huile d'olive et cuisez environ 30 minutes, en les tournant à mi-cuisson, jusqu'à ce qu'elles soient bien cuites et croustillantes.
6. Servez chaud avec des légumes grillés ou de la salade.

Côtelettes d'Agneau à la Menthe

Préparation : 10 min | Cuisson : 10 min | Portions : 4

Ingrédients :

- 400 g de côtelettes d'agneau
- 20 g de menthe fraîche hachée
- 10 g d'ail haché
- 10 ml d'huile d'olive
- 10 ml de jus de citron
- 5 g de sel
- 5 g de poivre

Instructions :

1. Préchauffez la friteuse à air à 200°C.
2. Mélangez la menthe, l'ail, l'huile d'olive, le jus de citron, le sel et le poivre dans un bol pour préparer une marinade.
3. Badigeonnez les côtelettes d'agneau avec cette marinade.
4. Placez les côtelettes dans la friteuse à air préchauffée.
5. Cuisez environ 10 minutes, en les retournant à mi-cuisson, jusqu'à dorure et cuisson souhaitée.
6. Servez chaud avec des légumes grillés ou de la salade.

Brochettes de Poulet à l'Air

Préparation : 20 min | Cuisson : 15 min | Portions : 4

Ingrédients :

- 500 g de blancs de poulet, coupés en cubes
- 15 ml d'huile d'olive
- 5 g d'ail haché
- 10 g de paprika
- 5 g de cumin en poudre
- 5 g de sel
- 5 g de poivre
- 1 citron, coupé en quartiers

Instructions :

1. Préchauffez la friteuse à air à 200°C.
2. Mélangez l'huile d'olive, l'ail, le paprika, le cumin, le sel et le poivre dans un bol.
3. Enrobez les cubes de poulet de ce mélange épicé.
4. Enfilez les cubes de poulet sur des brochettes.
5. Placez les brochettes dans la friteuse à air préchauffée.
6. Cuisez environ 15 minutes, en retournant à mi-cuisson, jusqu'à cuisson et légère dorure.
7. Servez chaud avec les quartiers de citron pour arroser.

Steaks de Dinde aux Herbes

Préparation : 15 min | Cuisson : 10 min | Portions : 4

Ingrédients:

- 500 g de steaks de dinde
- 30 g de persil frais haché
- 15 g de romarin frais haché
- 10 g de thym frais haché
- 10 g d'ail haché
- 30 ml d'huile d'olive
- 10 ml de jus de citron
- 5 g de sel
- 5 g de poivre

Instructions :

1. Préchauffez la friteuse à air à 200°C.
2. Mélangez le persil, le romarin, le thym, l'ail, l'huile d'olive, le jus de citron, le sel et le poivre dans un bol pour créer une marinade aux herbes.
3. Badigeonnez les steaks de dinde avec cette marinade.
4. Placez les steaks de dinde dans la friteuse à air préchauffée.
5. Cuisez environ 10 minutes jusqu'à ce qu'ils soient bien cuits et dorés.
6. Servez chaud avec des légumes grillés ou une salade.

Ailes de Poulet à la Moutarde Dijon

Préparation : 15 min | Cuisson : 25 min | Portions : 4

Ingrédients:

- 800 g d'ailes de poulet
- 45 ml de moutarde de Dijon
- 15 ml de miel
- 15 ml d'huile d'olive
- 10 ml de vinaigre de cidre
- 5 g de sel
- 5 g de poivre
- 5 g de paprika

Instructions :

1. Préchauffez la friteuse à air à 200°C.
2. Mélangez moutarde, miel, huile d'olive, vinaigre de cidre, sel, poivre et paprika dans un bol pour préparer la sauce.
3. Enrobez les ailes de poulet avec cette sauce.
4. Placez les ailes de poulet dans la friteuse à air préchauffée.
5. Cuisez environ 25 minutes jusqu'à croustillance et cuisson.
6. Servez chaud avec des bâtonnets de légumes ou une salade.

Filet de Poulet au Citron et à l'Aneth

Préparation : 15 min | Cuisson : 20 min | Portions : 4

Ingrédients:

- 600 g de filets de poulet
- 30 ml de jus de citron
- 15 ml d'huile d'olive
- 10 g d'aneth frais haché
- 5 g de zeste de citron râpé
- 5 g de sel
- 5 g de poivre

Instructions :

1. Préchauffez la friteuse à air à 180°C.
2. Mélangez le jus de citron, l'huile d'olive, l'aneth, le zeste de citron, le sel et le poivre dans un bol pour créer une marinade.
3. Enrobez les filets de poulet avec cette marinade citronnée.
4. Placez les filets de poulet dans la friteuse à air préchauffée.
5. Cuisez environ 20 minutes jusqu'à cuisson et légère dorure.
6. Servez chaud avec des légumes grillés ou une salade.

Brochettes de Bœuf Teriyaki

Préparation : 15 min | Cuisson : 10 min | Portions : 4

Ingrédients :

- 500 g de bœuf (coupé en cubes)
- 60 ml de sauce teriyaki
- 15 ml de sauce soja
- 15 ml de miel
- 5 ml d'huile de sésame
- 10 g d'ail haché
- 10 g de gingembre râpé
- 5 g de graines de sésame (pour la garniture)

Instructions :

1. Préchauffez la friteuse à air à 200°C.
2. Mélangez la sauce teriyaki, la sauce soja, le miel, l'huile de sésame, l'ail et le gingembre dans un bol pour créer une marinade.
3. Enrobez les cubes de bœuf avec cette marinade.
4. Enfilez-les sur des brochettes.
5. Cuisez environ 10 minutes dans la friteuse à air préchauffée.
6. Saupoudrez de graines de sésame avant de servir.

Poitrines de Poulet au Parmesan

Préparation : 15 min | Cuisson : 20 min | Portions : 4

Ingrédients :

- 500 g de poitrines de poulet
- 100 g de chapelure
- 60 g de parmesan râpé
- 5 g de paprika
- 5 g de sel
- 5 g de poivre
- 2 œufs
- 30 ml d'huile d'olive
- 250 ml de sauce marinara (pour servir)
- 120 g de mozzarella râpée (pour la garniture)
- 10 g de basilic frais haché (pour la garniture)

Instructions :

1. Préchauffez la friteuse à air à 200°C.
2. Mélangez la chapelure, le parmesan, le paprika, le sel et le poivre dans un bol.
3. Battez les œufs dans un autre bol.
4. Passez les poitrines de poulet dans les œufs battus, puis dans le mélange de chapelure.
5. Placez les poitrines de poulet dans la friteuse à air préchauffée et arrosez-les d'huile d'olive.
6. Cuisez environ 20 minutes jusqu'à ce qu'elles soient cuites et dorées.
7. Garnissez de sauce marinara, de mozzarella râpée et de basilic frais haché avant de servir.

Poulet à la Cajun à l'Air

Préparation : 15 min | Cuisson : 20 min | Portions : 4

Ingrédients :

- 600 g de morceaux de poulet
- 30 ml d'huile d'olive
- Assaisonnement Cajun (sel, poivre, paprika, thym, ail en poudre, oignon en poudre, piment de Cayenne au goût)

Instructions :

1. Préchauffez la friteuse à air à 200°C.
2. Enrobez les morceaux de poulet avec l'huile d'olive et l'assaisonnement Cajun.
3. Cuisez les morceaux de poulet dans la friteuse à air préchauffée pendant environ 20 minutes jusqu'à ce qu'ils soient croustillants et bien cuits.
4. Servez chaud et dégustez le poulet à la Cajun épicé !

Poitrines de Poulet à l'Orange

Préparation : 15 min | Cuisson : 20 min | Portions : 4

Ingrédients:

500 g de poitrines de poulet

250 ml de jus d'orange

30 g de miel

20 g de moutarde de Dijon

5 g de sel

5 g de poivre

5 g de thym frais (haché)

30 ml d'huile d'olive

Zeste d'une orange

Instructions :

1. Préchauffez la friteuse à air à 200°C.
2. Mélangez le jus d'orange, le miel, la moutarde de Dijon, le sel, le poivre et le thym dans un bol.
3. Badigeonnez les poitrines de poulet avec ce mélange.
4. Cuisez les poitrines de poulet dans la friteuse à air préchauffée avec de l'huile d'olive pendant environ 20 minutes.
5. Garnissez de zeste d'orange avant de servir.

Brochettes de Canard à l'Air

Préparation : 15 min | Cuisson : 15 min | Portions : 4

Ingrédients:

- 500 g de poitrines de canard (coupées en cubes)
- 30 ml de sauce soja
- 30 ml de miel
- 10 ml d'huile de sésame
- 5 g d'ail (haché)
- 5 g de gingembre (râpé)
- 5 g de poivre noir
- 2 oignons verts (hachés)
- 1 piment rouge (haché)

Instructions :

1. Préchauffez la friteuse à air à 200°C.
2. Mélangez la sauce soja, le miel, l'huile de sésame, l'ail, le gingembre et le poivre noir dans un bol.
3. Enfilez les cubes de canard sur des brochettes.
4. Badigeonnez-les avec la marinade.
5. Cuisez les brochettes dans la friteuse à air préchauffée pendant environ 15 minutes jusqu'à ce que le canard soit bien cuit et légèrement caramélisé.
6. Garnissez d'oignons verts et de piment rouge avant de servir.

Filet de Dinde au Pesto

Préparation : 10 min | Cuisson : 20 min | Portions : 4

Ingrédients:

- 500 g de filet de dinde
- 60 g de pesto
- 30 ml d'huile d'olive
- 5 g de sel
- 5 g de poivre noir
- 5 g d'ail en poudre
- 5 g de basilic frais (haché)
- Quartiers de citron

Instructions :

1. Préchauffez la friteuse à air à 200°C.
2. Badigeonnez les filets de dinde avec l'huile d'olive et assaisonnez-les avec le sel, le poivre noir et l'ail en poudre.
3. Cuisez les filets de dinde dans la friteuse à air préchauffée pendant environ 20 minutes jusqu'à cuisson.
4. Répartissez le pesto sur les filets de dinde encore chauds.
5. Garnissez de basilic frais et servez avec des quartiers de citron.

Tacos au Poulet à l'Air

Préparation : 15 min | Cuisson : 20 min | Portions : 4

Ingrédients:

- 500 g de poitrines de poulet (en lanières)
- 5 g d'huile d'olive
- 10 g d'assaisonnement pour tacos
- 120 g de tomates (hachées)
- 100 g de laitue (hachée)
- 100 g de fromage râpé
- 60 g de crème sure
- 60 g de salsa
- 8 tortillas de maïs

Instructions :

1. Préchauffez la friteuse à air à 200°C.
2. Mélangez les lanières de poulet avec l'huile d'olive et l'assaisonnement pour tacos.
3. Cuisez le poulet dans la friteuse à air préchauffée pendant 15 minutes jusqu'à ce qu'il soit doré et cuit.
4. Réchauffez les tortillas de maïs.
5. Remplissez chaque tortilla avec le poulet cuit, les tomates, la laitue, le fromage, la crème sure et la salsa.
6. Pliez les tortillas pour former des tacos et servez immédiatement.

Ailes de Poulet au BBQ

Préparation : 10 min | Cuisson : 25 min | Portions : 4

Ingrédients:

- 1 kg d'ailes de poulet
- 60 ml de sauce barbecue
- 30 ml de ketchup
- 15 ml de miel
- 5 g de paprika fumé
- 5 g de sel
- 5 g de poivre noir
- 30 ml d'huile d'olive
- 5 g de persil frais (haché, pour la garniture)

Instructions :

1. Préchauffez la friteuse à air à 200°C.
2. Dans un bol, mélangez la sauce barbecue, le ketchup, le miel, le paprika, le sel et le poivre.
3. Badigeonnez les ailes de poulet de cette marinade.
4. Placez les ailes de poulet dans la friteuse à air préchauffée et arrosez-les d'huile d'olive.
5. Cuisez environ 25 minutes jusqu'à ce qu'elles soient bien cuites et croustillantes.
6. Garnissez de persil frais avant de servir.

Cuisses de Poulet au Citron

Préparation : 10 min | Cuisson : 30 min | Portions : 4

Ingrédients:

- 800 g de cuisses de poulet
- Jus et zeste de 2 citrons
- 30 ml d'huile d'olive
- 5 g de sel
- 5 g de poivre noir
- 5 g d'origan séché
- 5 g d'ail en poudre
- 5 g de paprika doux
- 5 g de persil frais (haché)

Instructions :

1. Préchauffez la friteuse à air à 200°C.
2. Mélangez le jus et le zeste des citrons, l'huile d'olive, le sel, le poivre, l'origan, l'ail en poudre et le paprika dans un bol.
3. Badigeonnez les cuisses de poulet de cette marinade.
4. Cuisez les cuisses de poulet dans la friteuse à air préchauffée pendant environ 30 minutes jusqu'à ce qu'elles soient bien cuites et dorées.
5. Garnissez de persil frais avant de servir.

Filet de Poulet à l'Ail et au Romarin

Préparation : 10 min | Cuisson : 20 min | Portions : 4

Ingrédients :

- 600 g de filets de poulet
- 30 ml d'huile d'olive
- 5 g de sel
- 5 g de poivre noir
- 5 g d'ail (haché)
- 10 g de romarin frais (haché)
- Zestes et jus d'1 citron

Instructions :

1. Préchauffez la friteuse à air à 200°C.
2. Mélangez l'huile d'olive, le sel, le poivre, l'ail, le romarin, les zestes de citron et le jus de citron dans un bol.
3. Badigeonnez les filets de poulet de cette marinade.
4. Cuisez les filets de poulet dans la friteuse à air préchauffée pendant environ 20 minutes jusqu'à cuisson.

Poulet Crispy au Curcuma

Préparation : 15 min | Cuisson : 20 min | Portions : 4

Ingrédients:

- 600 g de morceaux de poulet
- 100 g de farine
- 5 g de sel
- 5 g de poivre noir
- 5 g de curcuma en poudre
- 5 g de paprika doux
- 30 ml d'huile d'olive
- 5 g de persil frais (haché, pour la garniture)

Instructions :

1. Préchauffez la friteuse à air à 200°C.
2. Mélangez la farine, le sel, le poivre, le curcuma et le paprika dans un bol.
3. Enrobez les morceaux de poulet de ce mélange.
4. Cuisez les morceaux de poulet dans la friteuse à air préchauffée pendant environ 20 minutes jusqu'à ce qu'ils soient croustillants et bien cuits.
5. Garnissez de persil frais avant de servir.

Steaks de Dinde au Citron et au Romarin

Préparation : 10 min | Cuisson : 15 min | Portions : 4

Ingrédients:

- 600 g de steaks de dinde
- 30 ml d'huile d'olive
- 5 g de sel
- 5 g de poivre noir
- 10 g de zeste de citron râpé
- 5 g de romarin frais (haché)
- 10 ml de jus de citron

Instructions :

1. Préchauffez la friteuse à air à 200°C.
2. Dans un bol, mélangez l'huile d'olive, le sel, le poivre, le zeste de citron et le romarin.
3. Badigeonnez les steaks de dinde de cette marinade.
4. Cuisez les steaks dans la friteuse à air préchauffée pendant environ 15 minutes jusqu'à ce qu'ils soient bien cuits.
5. Arrosez les steaks de jus de citron avant de servir.

Brochettes de Canard au Miel et Soja

Préparation : 15 min | Cuisson : 15 min | Portions : 4

Ingrédients:

- 600 g de poitrine de canard (coupée en cubes)
- 30 ml de miel
- 30 ml de sauce soja
- 5 g d'ail haché
- 5 g de gingembre haché
- 5 ml d'huile de sésame
- Poivre noir au goût

Instructions :

1. Mélangez miel, sauce soja, ail, gingembre et huile de sésame.
2. Enrobez les cubes de canard dans cette marinade.
3. Enfilez-les sur des brochettes.
4. Cuisez dans la friteuse à air à 200°C pendant 15 minutes, en tournant à mi-cuisson.
5. Poivrez au goût et dégustez.

Poitrines de Poulet au Piment Doux

Préparation : 10 min | Cuisson : 15 min | Portions : 4

Ingrédients:

- 600 g de poitrines de poulet (en filets)
- 30 ml d'huile d'olive
- 30 ml de sauce au piment doux
- 5 g de sel
- 5 g de poivre noir
- 5 g de paprika doux

Instructions :

1. Préchauffez la friteuse à air à 180°C.
2. Dans un bol, mélangez l'huile d'olive, la sauce au piment doux, le sel, le poivre et le paprika.
3. Badigeonnez les poitrines de poulet de cette marinade.
4. Cuisez les poitrines de poulet dans la friteuse à air préchauffée pendant environ 15 minutes, jusqu'à ce qu'elles soient bien cuites et légèrement dorées.
5. Servez chaud et dégustez ces délicieuses poitrines de poulet au piment doux !

Tacos au Steak à l'Air

Préparation : 15 min | Cuisson : 10 min | Portions : 4

Ingrédients:

- 400 g de steak (coupé en fines tranches)
- 8 tortillas de maïs
- 200 g de salsa
- 150 g de fromage râpé
- 150 g de laitue (hachée)
- 100 g de tomates (dés en dés)
- 50 g d'oignon (haché)
- 30 g de coriandre fraîche (hachée)
- 15 ml d'huile d'olive
- 10 g de paprika
- 5 g de cumin en poudre
- 5 g de sel
- 5 g de poivre noir

Instructions :

1. Dans un bol, mélangez l'huile d'olive, le paprika, le cumin, le sel et le poivre. Badigeonnez les tranches de steak de cette marinade.
2. Préchauffez la friteuse à air à 200°C.
3. Cuisez les tranches de steak dans la friteuse à air préchauffée pendant environ 10 minutes, en les tournant à mi-cuisson, jusqu'à ce qu'elles soient bien cuites et légèrement dorées.
4. Réchauffez les tortillas de maïs dans la friteuse à air pendant quelques minutes.
5. Garnissez chaque tortilla avec du steak cuit, de la salsa, du fromage râpé, de la laitue, des tomates, de l'oignon et de la coriandre.
6. Pliez les tortillas en forme de tacos et servez-les chauds.

Poulet au Beurre Indien à l'Air

Préparation : 15 min | Cuisson : 20 min | Portions : 4

Ingrédients:

- 600 g de poulet (dés)
- 150 g de yaourt nature
- 100 g de purée de tomates
- 60 g de beurre
- 30 g de crème épaisse
- Épices : gingembre, ail, curry, garam masala, cumin, paprika, sel, sucre, poivre
- Coriandre fraîche (pour garnir)

Instructions :

1. Mélangez les épices avec le yaourt et la purée de tomates. Badigeonnez le poulet.
2. Cuisez le poulet dans la friteuse à air à 180°C pendant 20 minutes.
3. Dans une casserole, faites fondre le beurre, ajoutez l'ail et le gingembre, puis la crème.
4. Incorporez le poulet cuit à la sauce.
5. Servez garni de coriandre fraîche.

Brochettes de Poulet à la Méditerranéenne

Préparation : 15 min | Cuisson : 15 min | Portions : 4

Ingrédients:

- 600 g de blancs de poulet (cubes)
- Marinade : yaourt grec, huile d'olive, jus de citron, ail, origan, paprika, sel, poivre
- Légumes : oignon rouge, poivron rouge (morceaux)

Instructions :

1. Mélangez les ingrédients de la marinade et enrobez les cubes de poulet. Laissez reposer 15 minutes.
2. Préchauffez la friteuse à air à 200°C.
3. Enfilez les cubes de poulet, les morceaux d'oignon et de poivron sur des brochettes.
4. Cuisez les brochettes dans la friteuse à air préchauffée pendant environ 15 minutes, jusqu'à ce que le poulet soit bien cuit.
5. Servez chaud avec des légumes grillés ou des pita.

Filet de Dinde à la Sauce à l'Ananas

Préparation : 15 min | Cuisson : 20 min | Portions : 4

Ingrédients:

- 600 g de filet de dinde
- Sauce : ananas, jus d'ananas, ketchup, sauce soja, miel, ail, vinaigre de riz, fécule de maïs, huile d'olive, gingembre, sel, poivre
- Coriandre fraîche (pour garnir)

Instructions :

1. Préparez la sauce en mélangeant les ingrédients dans une casserole. Faites mijoter jusqu'à épaississement.
2. Préchauffez la friteuse à air à 180°C.
3. Cuisez les filets de dinde dans la friteuse à air pendant environ 20 minutes.
4. Servez les filets de dinde chauds, nappés de la sauce à l'ananas et garnis de coriandre fraîche.

Ailes de Poulet Citron et Herbes

Préparation : 15 min | Cuisson : 20 min | Portions : 4

Ingrédients:

- 800 g d'ailes de poulet
- Marinade : jus de citron, huile d'olive, herbes fraîches, ail, zeste de citron, sel, poivre

Instructions :

1. Préchauffez la friteuse à air à 200°C.
2. Enrobez les ailes de poulet de la marinade.
3. Cuisez les ailes de poulet dans la friteuse à air préchauffée pendant environ 20 minutes, jusqu'à ce qu'elles soient dorées.
4. Servez chaud.

Poulet à l'Orange et Gingembre à l'Air

Préparation : 15 min | Cuisson : 20 min | Portions : 4

Ingrédients:

- 600 g de filets de poulet (lanières)
- Sauce : jus d'orange, miel, sauce soja, gingembre, ail, amidon de maïs, sel, poivre
- Zeste d'orange (pour garnir)

Instructions :

1. Mélangez les ingrédients de la sauce.
2. Préchauffez la friteuse à air à 180°C.
3. Cuisez les lanières de poulet dans la friteuse à air pendant environ 15 minutes, jusqu'à ce qu'elles soient croustillantes.
4. Faites chauffer la sauce dans une poêle jusqu'à épaississement.
5. Nappez les lanières de poulet de la sauce.
6. Garnissez de zeste d'orange.

Tenders de Poulet au Barbecue

Préparation : 15 min | Cuisson : 15 min | Portions : 4

Ingrédients :

- 600 g de tenders de poulet
- 100 g de sauce barbecue
- 60 g de ketchup
- 30 g de miel
- 10 g d'huile d'olive
- 5 g de vinaigre de cidre
- 5 g de paprika
- 5 g de sel
- 5 g de poivre noir

Instructions :

1. Préchauffez la friteuse à air à 200°C.
2. Dans un bol, mélangez la sauce barbecue, le ketchup, le miel, l'huile d'olive, le vinaigre de cidre, le paprika, le sel et le poivre.
3. Enrobez les tenders de poulet de cette sauce.
4. Cuisez les tenders de poulet dans la friteuse à air préchauffée pendant environ 15 minutes, jusqu'à ce qu'ils soient bien cuits et croustillants.
5. Servez chaud, avec un peu de sauce barbecue supplémentaire pour tremper.

Steaks de Dinde au Paprika

Préparation : 10 min | Cuisson : 15 min | Portions : 4

Ingrédients:

- 600 g de steaks de dinde
- 20 g d'huile d'olive
- 10 g de paprika
- 5 g de sel
- 5 g de poivre noir
- 5 g d'ail haché

Instructions :

1. Préchauffez la friteuse à air à 200°C.
2. Dans un bol, mélangez l'huile d'olive, le paprika, le sel, le poivre noir et l'ail haché.
3. Enrobez les steaks de dinde de ce mélange d'assaisonnement.
4. Cuisez les steaks de dinde dans la friteuse à air préchauffée pendant environ 15 minutes, jusqu'à ce qu'ils soient bien cuits et légèrement dorés.
5. Servez chaud.

Brochettes de Canard aux Épices

Préparation : 15 min | Cuisson : 15 min | Portions : 4

Ingrédients:

- 500 g de filets de canard (coupés en cubes)
- 20 g d'huile d'olive
- 10 g de paprika
- 10 g de cumin
- 5 g de sel
- 5 g de poivre noir
- 5 g d'ail haché

Instructions :

1. Préchauffez la friteuse à air à 200°C.
2. Dans un bol, mélangez l'huile d'olive, le paprika, le cumin, le sel, le poivre noir et l'ail haché.
3. Enrobez les cubes de canard de ce mélange d'assaisonnement.
4. Enfilez les cubes de canard sur des brochettes.
5. Cuisez les brochettes de canard dans la friteuse à air préchauffée pendant environ 15 minutes, jusqu'à ce qu'ils soient bien cuits et légèrement croustillants.
6. Servez chaud, accompagné de sauce au choix.

Filet de Poulet à l'Aneth et au Citron

Préparation : 10 min | Cuisson : 15 min | Portions : 4

Ingrédients:

- 600 g de filets de poulet
- 20 g d'huile d'olive
- 10 g d'aneth frais (haché)
- 10 g de zeste de citron
- 5 g de sel
- 5 g de poivre noir
- 5 g d'ail haché

Instructions :

1. Préchauffez la friteuse à air à 180°C.
2. Dans un bol, mélangez l'huile d'olive, l'aneth haché, le zeste de citron, le sel, le poivre noir et l'ail haché.
3. Enrobez les filets de poulet de ce mélange d'assaisonnement.
4. Cuisez les filets de poulet dans la friteuse à air préchauffée pendant environ 15 minutes, jusqu'à ce qu'ils soient bien cuits et légèrement dorés.
5. Servez chaud, garni d'aneth frais supplémentaire et de quartiers de citron.

Cuisses de Poulet aux Herbes

Préparation : 10 min | Cuisson : 30 min | Portions : 4

Ingrédients:

- 800 g de cuisses de poulet (avec la peau)
- 20 g d'huile d'olive
- 10 g de thym frais (haché)
- 10 g de romarin frais (haché)
- 5 g de sel
- 5 g de poivre noir
- 5 g d'ail haché

Instructions :

1. Préchauffez la friteuse à air à 200°C.
2. Dans un bol, mélangez l'huile d'olive, le thym haché, le romarin haché, le sel, le poivre noir et l'ail haché.
3. Enrobez les cuisses de poulet de ce mélange d'assaisonnement.
4. Cuisez les cuisses de poulet dans la friteuse à air préchauffée pendant environ 30 minutes, jusqu'à ce qu'elles soient bien cuites et croustillantes.
5. Servez chaud, garni d'herbes fraîches supplémentaires.

Côtelettes de Chevreuil Marinées

Préparation : 15 min | Cuisson : 15 min | Portions : 4

Ingrédients:

- 600 g de côtelettes de chevreuil
- 20 g d'huile d'olive
- 10 g de romarin frais
- 10 g de thym frais
- 10 g d'ail haché
- 5 g de sel
- 5 g de poivre noir

Instructions :

1. Préchauffez la friteuse à air à 200°C.
2. Mélangez l'huile d'olive, le romarin, le thym, l'ail, le sel et le poivre.
3. Enrobez les côtelettes de chevreuil de cette marinade.
4. Laissez mariner pendant 15 minutes.
5. Cuisez les côtelettes dans la friteuse à air préchauffée pendant 15 minutes.
6. Servez chaud.

Poulet Croustillant au Piment d'Espelette

Préparation : 10 min | Cuisson : 20 min | Portions : 4

Ingrédients:

800 g de morceaux de poulet
20 g d'huile d'olive
10 g de piment d'Espelette en poudre

10 g de paprika doux
5 g de sel
5 g de poivre noir

Instructions :

1. Préchauffez la friteuse à air à 200°C.
2. Dans un bol, mélangez l'huile d'olive, le piment d'Espelette en poudre, le paprika doux, le sel et le poivre noir.
3. Enrobez les morceaux de poulet de ce mélange d'assaisonnement.
4. Cuisez les morceaux de poulet dans la friteuse à air préchauffée pendant environ 20 minutes, jusqu'à ce qu'ils soient bien croustillants et cuits à cœur.
5. Servez chaud.

Poitrines de Poulet au Thym et au Romarin

Préparation : 10 min | Cuisson : 20 min | Portions : 4

Ingrédients:

- 600 g de poitrines de poulet
- 20 g d'huile d'olive
- 10 g de thym frais
- 10 g de romarin frais
- 5 g de sel
- 5 g de poivre noir

Instructions :

1. Préchauffez la friteuse à air à 200°C.
2. Mélangez l'huile d'olive, le thym, le romarin, le sel et le poivre.
3. Enrobez les poitrines de poulet de cette marinade.
4. Cuisez les poitrines dans la friteuse à air préchauffée pendant 20 minutes.
5. Servez chaud, garni d'herbes fraîches supplémentaires.

Côtelettes d'Agneau à la Moutarde Dijon

Préparation : 10 min | Cuisson : 10 min | Portions : 4

Ingrédients:

600 g de côtelettes d'agneau
30 g de moutarde de Dijon
10 g d'huile d'olive
10 g d'ail haché

5 g de romarin frais (haché)
5 g de sel
5 g de poivre noir

Instructions :

1. Préchauffez la friteuse à air à 200°C.
2. Dans un bol, mélangez la moutarde de Dijon, l'huile d'olive, l'ail haché, le romarin haché, le sel et le poivre noir.
3. Enrobez les côtelettes d'agneau de cette marinade.
4. Cuisez les côtelettes dans la friteuse à air préchauffée pendant environ 10 minutes, jusqu'à ce qu'elles soient dorées à l'extérieur et rosées à l'intérieur.
5. Servez chaud.

Côtelettes de Veau Croustillantes

Préparation : 10 min | Cuisson : 15 min | Portions : 4

Ingrédients:

- 600 g de côtelettes de veau
- 30 g de chapelure
- 15 g de parmesan râpé
- 10 g d'huile d'olive
- 5 g de sel
- 5 g de poivre noir
- 2 œufs

Instructions :

1. Préchauffez la friteuse à air à 200°C.
2. Dans un bol, battez les œufs.
3. Dans un autre bol, mélangez la chapelure, le parmesan râpé, le sel et le poivre.
4. Trempez chaque côtelette de veau dans les œufs battus, puis enrobez-la du mélange de chapelure.
5. Disposez les côtelettes dans la friteuse à air préchauffée et arrosez-les d'huile d'olive.
6. Cuisez pendant environ 15 minutes, jusqu'à ce que les côtelettes soient croustillantes et bien dorées.
7. Servez chaud.

Chapitre 6 :

Plats de Poisson et de Fruits de Mer avec une Friteuse à Air

Thon Grillé aux Herbes

Préparation : 10 min | Cuisson : 10 min | Portions : 4

Ingrédients:

- 600 g de steaks de thon
- 30 g d'huile d'olive
- 10 g de romarin frais
- 10 g de thym frais
- 10 g d'ail haché
- 5 g de sel
- 5 g de poivre noir

Instructions :

1. Préchauffez la friteuse à air à 200°C.
2. Mélangez l'huile d'olive, le romarin, le thym, l'ail, le sel et le poivre.
3. Enrobez les steaks de thon de cette marinade.
4. Cuisez les steaks dans la friteuse à air préchauffée pendant environ 10 minutes, jusqu'à ce qu'ils soient bien grillés à l'extérieur et légèrement rosés à l'intérieur.
5. Servez chaud, garni d'herbes fraîches supplémentaires. Bon appétit !

Crevettes à la Cajun

Préparation : 10 min | Cuisson : 5 min | Portions : 4

Ingrédients:

- 400 g de crevettes décortiquées
- 30 g d'huile d'olive
- 10 g de paprika
- 5 g de thym séché
- 5 g d'ail en poudre
- 5 g de sel
- 5 g de poivre noir
- 2 g de piment de Cayenne (ajustez le piquant selon votre goût)

Instructions :

Préchauffez la friteuse à air à 180°C.

Mélangez l'huile d'olive, le paprika, le thym, l'ail en poudre, le sel, le poivre noir et le piment de Cayenne.

Enrobez les crevettes de ce mélange.

Cuisez les crevettes dans la friteuse à air préchauffée pendant environ 5 minutes, jusqu'à ce qu'elles soient croustillantes et roses.

Servez avec une sauce créole ou du riz. Bon appétit !

Morue à l'Ail et au Persil

Préparation : 10 min | Cuisson : 15 min | Portions : 4

Ingrédients:

- 400 g de filets de morue
- 30 g d'huile d'olive
- 20 g d'ail haché
- 10 g de persil frais haché
- 5 g de sel
- 5 g de poivre noir
- 10 g de jus de citron frais

Instructions :

1. Préchauffez la friteuse à air à 180°C.
2. Dans un bol, mélangez l'huile d'olive, l'ail haché, le persil haché, le sel, le poivre noir et le jus de citron.
3. Badigeonnez les filets de morue avec ce mélange.
4. Placez les filets de morue dans la friteuse à air préchauffée.
5. Cuisez pendant environ 15 minutes ou jusqu'à ce que la morue soit bien cuite et légèrement dorée.
6. Servez chaud, garni de persil frais. Bon appétit !

Brochettes de Scampis au Beurre

Préparation : 15 min | Cuisson : 10 min | Portions : 4

Ingrédients :

- 400 g de scampis décortiqués
- 60 g de beurre fondu
- 15 g de jus de citron frais
- 10 g d'ail haché
- 10 g de persil frais haché
- 5 g de sel
- 5 g de poivre noir
- 4 brochettes en bois trempées dans l'eau

Instructions :

1. Préchauffez la friteuse à air à 180°C.
2. Enfilez les scampis sur les brochettes en bois.
3. Mélangez le beurre fondu, le jus de citron, l'ail, le persil, le sel et le poivre.
4. Badigeonnez les brochettes avec cette sauce.
5. Cuisez les brochettes dans la friteuse à air préchauffée pendant environ 10 minutes.
6. Servez chaud avec du riz ou des légumes. Bon appétit !

Saumon aux Épices Marocaines

Préparation : 15 min | Cuisson : 10 min | Portions : 4

Ingrédients :

- 400 g de saumon
- 20 g d'épices marocaines
- 15 g d'huile d'olive
- 10 g de jus de citron
- 5 g de sel
- 5 g de poivre noir

Instructions :

1. Préchauffez la friteuse à air à 180°C.
2. Badigeonnez le saumon d'huile d'olive et de jus de citron.
3. Saupoudrez d'épices marocaines, de sel et de poivre.
4. Cuisez environ 10 minutes jusqu'à ce que le saumon soit doré.
5. Servez chaud avec des légumes ou du couscous. Bon appétit !

Filet de Tilapia à la Moutarde à l'Ancienne

Préparation : 10 min | Cuisson : 15 min | Portions : 4

Ingrédients :

- 400 g de tilapia
- 30 g de moutarde à l'ancienne
- 15 g d'huile d'olive
- 10 g de jus de citron
- 5 g de sel
- 5 g de poivre
- 10 g de chapelure

Instructions :

1. Préchauffez la friteuse à air à 180°C.
2. Mélangez la moutarde, l'huile, le jus de citron, le sel et le poivre.
3. Badigeonnez les filets de tilapia avec ce mélange.
4. Saupoudrez de chapelure.
5. Cuisez 15 minutes dans la friteuse à air jusqu'à ce que le poisson soit croustillant.
6. Servez avec des légumes ou une salade. Bon appétit !

Calmars Frits au Paprika

Préparation : 15 min | Cuisson : 10 min | Portions : 4

Ingrédients :

- 300 g de calmars (anneaux)
- 100 g de farine
- 10 g de paprika
- 5 g de sel
- 5 g de poivre
- 2 œufs
- 30 g de chapelure
- Huile de cuisson

Instructions :

1. Mélangez la farine, le paprika, le sel et le poivre dans un bol.
2. Passez les anneaux de calmars dans ce mélange.
3. Trempez les anneaux enfarinés dans les œufs battus, puis dans la chapelure.
4. Préchauffez la friteuse à air à 180°C.
5. Cuisez les anneaux de calmars dans la friteuse à air préchauffée pendant environ 10 minutes, jusqu'à ce qu'ils soient dorés et croustillants.
6. Servez chaud avec la sauce de votre choix. Bon appétit !

Coquilles Saint-Jacques aux Échalotes

Préparation : 10 min | Cuisson : 15 min | Portions : 4

Ingrédients:

1. 400 g de coquilles Saint-Jacques
2. 30 g d'échalotes hachées
3. 20 g de beurre
4. 100 ml de vin blanc
5. 150 ml de crème fraîche
6. Sel, poivre, au goût
7. 10 g de persil frais haché

Instructions :

1. Dans une poêle, faites fondre le beurre à feu moyen.
2. Ajoutez les échalotes et faites-les revenir jusqu'à ce qu'elles soient translucides.
3. Versez le vin blanc et laissez réduire de moitié.
4. Ajoutez les coquilles Saint-Jacques et faites-les cuire 2 minutes de chaque côté jusqu'à dorure.
5. Réduisez le feu, ajoutez la crème fraîche et laissez mijoter pour épaissir la sauce.
6. Assaisonnez avec sel et poivre.
7. Saupoudrez de persil haché avant de servir. Bon appétit !

Gambas à l'Air et au Citron Vert

Préparation : 10 min | Cuisson : 10 min | Portions : 4

Ingrédients:

- 400 g de gambas
- Zeste et jus de 2 citrons verts
- 30 ml d'huile d'olive
- 2 gousses d'ail hachées
- 10 g de persil frais haché
- Sel et poivre, au goût

Instructions :

1. Préchauffez la friteuse à air à 180°C.
2. Mélangez le zeste et le jus des citrons verts, l'huile d'olive, l'ail, le persil, le sel et le poivre dans un bol.
3. Enrobez les gambas de ce mélange.
4. Cuisez les gambas dans la friteuse à air préchauffée pendant environ 10 minutes, jusqu'à ce qu'elles soient roses et légèrement croustillantes.
5. Servez avec des quartiers de citron vert. Bon appétit !

Truite aux Herbes et au Citron

Préparation : 10 min | Cuisson : 12 min | Portions : 4

Ingrédients:

- 4 filets de truite (150 g chacun)
- Zeste et jus de 2 citrons
- 30 ml d'huile d'olive
- 10 g de persil frais haché
- 10 g d'aneth frais haché
- Sel et poivre

Instructions :

1. Préchauffez la friteuse à air à 180°C.
2. Mélangez le zeste et le jus des citrons, l'huile d'olive, le persil, l'aneth, le sel et le poivre dans un bol.
3. Badigeonnez les filets de truite de ce mélange.
4. Cuisez les filets dans la friteuse à air préchauffée pendant environ 12 minutes, jusqu'à ce qu'ils soient dorés et tendres.
5. Servez avec des quartiers de citron. Bon appétit !

Morue en Croûte de Noix

Préparation : 15 min | Cuisson : 12 min | Portions : 4

Ingrédients:

- 4 filets de morue (150 g)
- 100 g de noix hachées
- 30 ml d'huile d'olive
- 10 g de persil frais haché
- Zeste et jus de 1 citron
- Sel et poivre

Instructions :

1. Préchauffez la friteuse à air à 180°C.
2. Mélangez les noix hachées, l'huile d'olive, le persil, le zeste de citron, le sel et le poivre dans un bol.
3. Badigeonnez les filets de morue avec ce mélange.
4. Cuisez les filets dans la friteuse à air préchauffée pendant environ 12 minutes, jusqu'à ce qu'ils soient dorés et que la chair soit tendre.
5. Arrosez les filets de jus de citron avant de servir. Bon appétit !

Poisson à la Sauce Tzatziki

Préparation : 15 min | Cuisson : 12 min | Portions : 4

Ingrédients:

- 4 filets de poisson (150 g)
- 200 g de yaourt grec
- 10 g de concombre râpé
- 10 g de menthe fraîche hachée
- 10 g d'aneth frais haché
- Zeste et jus de 1 citron
- Sel et poivre

Instructions :

1. Préchauffez la friteuse à air à 180°C.
2. Préparez la sauce tzatziki en mélangeant le yaourt grec, le concombre râpé, la menthe, l'aneth, le zeste de citron, le sel et le poivre dans un bol.
3. Badigeonnez les filets de poisson avec un peu de cette sauce.
4. Cuisez les filets dans la friteuse à air préchauffée pendant environ 12 minutes, jusqu'à ce qu'ils soient dorés et bien cuits.
5. Servez avec le reste de la sauce tzatziki. Bon appétit !

Saumon Grillé au Citron et à l'Aneth

Préparation : 10 min | Cuisson : 10 min | Portions : 4

Ingrédients :

- 4 filets de saumon (150 g)
- Zeste et jus de 1 citron
- 30 g d'aneth frais haché
- 30 ml d'huile d'olive
- Sel et poivre

Instructions :

1. Préchauffez la friteuse à air à 200°C.
2. Préparez une marinade en mélangeant le zeste de citron, le jus de citron, l'aneth, l'huile d'olive, le sel et le poivre.
3. Badigeonnez les filets de saumon avec cette marinade.
4. Cuisez les filets dans la friteuse à air préchauffée pendant environ 10 minutes, jusqu'à ce qu'ils soient bien grillés et tendres.
5. Servez immédiatement. Bon appétit !

Brochettes de Scampis aux Herbes

Préparation : 15 min | Cuisson : 6 min | Portions : 4

Ingrédients :

- 16 scampis (crevettes)
- 30 g d'huile d'olive
- 10 g de persil frais haché
- 10 g d'estragon frais haché
- 2 gousses d'ail émincées
- Zeste et jus de 1 citron
- Sel et poivre

Instructions :

1. Préchauffez la friteuse à air à 200°C.
2. Mélangez huile, persil, estragon, ail, zeste de citron, jus de citron, sel et poivre dans un bol pour la marinade.
3. Enfilez les scampis sur des brochettes.
4. Badigeonnez-les de marinade.
5. Cuisez les brochettes dans la friteuse à air préchauffée pendant environ 6 minutes, jusqu'à cuisson et dorure.
6. Servez immédiatement. Bon appétit !

Filet de Merlu à l'Orange

Préparation : 10 min | Cuisson : 15 min | Portions : 4

Ingrédients :

- 4 filets de merlu (150 g chacun)
- 2 oranges (jus et zeste)
- 30 g de beurre
- 30 ml de bouillon de poisson
- 15 g de farine
- Sel et poivre
- 10 g de persil frais haché

Instructions :

1. Préchauffez la friteuse à air à 180°C.
2. Assaisonnez les filets de merlu avec sel et poivre, puis farinez-les légèrement.
3. Dans une casserole, faites fondre le beurre et ajoutez le jus et le zeste des oranges, ainsi que le bouillon de poisson. Mélangez.
4. Plongez les filets de merlu dans la sauce à l'orange et faites-les cuire dans la friteuse à air préchauffée pendant environ 15 minutes, jusqu'à ce qu'ils soient dorés et cuits.
5. Servez avec la sauce à l'orange, saupoudrez de persil haché et dégustez. Un plat délicieux en un rien de temps !

Crevettes Teriyaki à l'Air

Préparation : 10 min | Cuisson : 15 min | Portions : 4

Ingrédients :

- 500 g de crevettes
- 60 ml de sauce Teriyaki
- 30 ml de sauce soja
- 15 ml de miel
- 15 ml d'huile de sésame
- 5 g de graines de sésame
- 2 oignons verts, hachés
- 5 g de gingembre frais
- 5 g d'ail
- 5 ml d'huile d'olive
- Sel et poivre

Instructions :

1. Mélangez les sauces Teriyaki et soja, le miel, l'huile de sésame, les graines de sésame, les oignons verts, le gingembre et l'ail.
2. Assaisonnez les crevettes avec sel et poivre.
3. Préchauffez la friteuse à air à 180°C.
4. Mélangez les crevettes avec l'huile d'olive.
5. Plongez les crevettes dans la marinade Teriyaki et faites-les cuire dans la friteuse à air préchauffée pendant 15 minutes.
6. Servez avec du riz ou des légumes sautés. Bon appétit !

Thon Grillé à la Sauce Soja

Préparation : 10 min | Cuisson : 10 min | Portions : 4

Ingrédients :

- 4 steaks de thon (environ 150 g chacun)
- 60 ml de sauce soja
- 30 ml d'huile d'olive
- 10 ml de jus de citron
- 10 ml de miel
- 5 g d'ail haché
- 5 g de gingembre frais haché
- Poivre noir moulu
- 2 oignons verts hachés (pour garniture)

Instructions :

1. Mélangez sauce soja, huile d'olive, jus de citron, miel, ail, gingembre et poivre noir.
2. Marinez les steaks de thon dans ce mélange pendant 10 minutes.
3. Préchauffez la friteuse à air à 200°C.
4. Cuisez les steaks de thon dans la friteuse à air pendant 4-5 minutes de chaque côté, jusqu'à ce qu'ils soient grillés.
5. Garnissez d'oignons verts hachés et servez avec de la sauce soja supplémentaire. Bon appétit !

Dorade aux Herbes Méditerranéennes

Préparation : 15 min | Cuisson : 20 min | Portions : 4

Ingrédients :

- 4 filets de dorade (150 g)
- 30 ml d'huile d'olive
- 15 ml jus de citron
- 10 g d'ail
- 10 g basilic frais
- 10 g persil frais
- 5 g romarin frais
- Sel et poivre

Instructions :

1. Préchauffez la friteuse à air à 180°C.
2. Mélangez huile d'olive, jus de citron, ail, basilic, persil, romarin, sel et poivre.
3. Badigeonnez les filets de dorade.

4. Cuisez 15-20 minutes dans la friteuse à air. Servez avec des quartiers de citron. Bon appétit !

Ailes de Raie au Beurre Noir

Préparation : 10 min | Cuisson : 10 min | Portions : 4

Ingrédients :

- 4 ailes de raie (150 g chacune)
- 100 g de beurre
- 30 ml de vinaigre blanc
- 20 g de câpres
- 10 g de persil frais
- Sel et poivre

Instructions :

1. Cuisez les ailes de raie dans de l'eau bouillante salée pendant 5 minutes. Égouttez.
2. Dans une casserole, faites fondre le beurre jusqu'à ce qu'il devienne doré.
3. Ajoutez le vinaigre, les câpres, le persil au beurre. Faites mijoter quelques minutes.
4. Assaisonnez les ailes de raie de sel et poivre, nappez de sauce.
5. Servez chaud. Bon appétit !

Cabillaud aux Amandes et au Citron

Préparation : 10 min | Cuisson : 15 min | Portions : 4

Ingrédients :

- 4 filets de cabillaud (150 g chacun)
- 50 g d'amandes effilées
- Jus et zeste de 1 citron
- 30 g de beurre
- 10 g de persil frais haché
- Sel et poivre

Instructions :

1. Préchauffez le four à 180°C.
2. Mélangez le jus et le zeste de citron avec le beurre fondu. Ajoutez le persil, le sel et le poivre.
3. Placez les filets de cabillaud dans un plat allant au four, versez le mélange de citron et de beurre, puis saupoudrez d'amandes effilées.
4. Enfournez pendant 15 minutes jusqu'à cuisson complète et dorure.
5. Servez chaud avec des quartiers de citron. Bon appétit !

Crevettes à l'Air à la Mangue

Préparation : 15 min | Cuisson : 10 min | Portions : 4

Ingrédients :

- 500 g de crevettes décortiquées
- 1 mangue mûre, pelée et coupée en dés
- 2 cuillères à soupe d'huile d'olive
- Jus et zeste de 1 citron vert
- 1 cuillère à soupe de coriandre fraîche hachée
- Sel et poivre

Instructions :

1. Préchauffez la friteuse à air à 180°C.
2. Dans un grand bol, mélangez les crevettes, les dés de mangue, l'huile d'olive, le jus et le zeste de citron vert, et la coriandre. Assaisonnez avec du sel et du poivre.
3. Placez le mélange de crevettes et de mangue dans le panier de la friteuse à air.
4. Faites cuire pendant 10 minutes, en secouant le panier à mi-cuisson pour une cuisson uniforme.
5. Servez chaud avec du riz ou des légumes. Bon appétit !

Morue en Croûte d'Amandes

Préparation : 15 min | Cuisson : 20 min | Portions : 4

Ingrédients :

- 4 filets de morue (150 g)
- 100 g d'amandes effilées
- 50 g de beurre fondu
- Jus et zeste de 1 citron
- 2 cuillères à soupe de persil frais haché
- Sel et poivre

Instructions :

1. Préchauffez le four à 180°C.
2. Mélangez amandes, beurre, jus de citron, zeste, persil, sel et poivre.
3. Posez la mixture sur la morue.
4. Cuisez au four pendant 20 minutes jusqu'à dorure.
5. Servez avec des quartiers de citron. Bon appétit !

Poisson à la Sauce Hollandaise

Préparation : 10 min | Cuisson : 15 min | Portions : 4

Ingrédients :

- 4 filets de poisson (150 g chacun)
- 100 g de beurre
- 2 jaunes d'œufs
- Jus de 1 citron
- Sel et poivre

Instructions :

1. Cuisez le poisson.
2. Préparez la sauce hollandaise : faites fondre le beurre, incorporez les jaunes d'œufs, le jus de citron, le sel et le poivre.
3. Nappez le poisson de la sauce. Servez. Bon appétit !

Saumon Grillé à la Moutarde

Préparation : 10 min | Cuisson : 10 min | Portions : 4

Ingrédients :

- 4 filets de saumon (150 g chacun)
- 60 g de moutarde de Dijon
- 30 g de miel
- 30 ml d'huile d'olive
- Jus de 1 citron
- Sel et poivre

Instructions :

1. Préchauffez le grill.
2. Dans un bol, mélangez la moutarde, le miel, l'huile d'olive, le jus de citron, le sel et le poivre pour créer une marinade.
3. Badigeonnez les filets de saumon avec la marinade.
4. Placez les filets sur le grill préchauffé et faites-les cuire pendant environ 5 minutes de chaque côté, jusqu'à ce qu'ils soient bien grillés et cuits à cœur.
5. Servez les filets de saumon grillés à la moutarde avec vos accompagnements préférés. Bon appétit !

Brochettes de Scampis à la Mangue

Préparation : 15 min | Cuisson : 6 min | Portions : 4

Ingrédients :

- 16 scampis (crevettes) décortiqués
- 1 mangue mûre, coupée en cubes
- Jus de 1 citron vert
- 1 cuillère à soupe d'huile d'olive
- 1 cuillère à café de gingembre râpé
- Sel et poivre
- 4 brochettes en bois

Instructions :

1. Mélangez l'huile d'olive, le jus de citron vert, le gingembre, le sel et le poivre dans un bol.
2. Enfilez les scampis et les cubes de mangue sur les brochettes de manière alternée.
3. Badigeonnez les brochettes avec la marinade.
4. Faites cuire les brochettes dans la friteuse à air préchauffée à 200°C (390°F) pendant environ 6 minutes, en les retournant à mi-cuisson, jusqu'à ce que les scampis soient bien cuits.
5. Servez avec vos accompagnements préférés. Bon appétit !

Thon Grillé au Sésame

Préparation : 10 min | Cuisson : 6 min | Portions : 4

Ingrédients :

- 4 steaks de thon (170 g chacun)
- 2 cuillères à soupe de graines de sésame
- 2 cuillères à soupe de sauce soja
- 2 cuillères à soupe d'huile de sésame
- 1 cuillère à soupe de miel
- 1 cuillère à café de gingembre râpé
- 2 gousses d'ail hachées
- Sel et poivre, au goût

Instructions :

1. Préchauffez la friteuse à air à 200°C.
2. Mélangez la sauce soja, l'huile de sésame, le miel, le gingembre, l'ail, le sel et le poivre.
3. Badigeonnez les steaks de thon avec ce mélange.
4. Enrobez-les de graines de sésame.
5. Cuisez les steaks dans la friteuse à air pendant 6 minutes, en les retournant à mi-cuisson.
6. Servez chaud. Bon appétit !

Cabillaud aux Herbes et à l'Ail

Préparation : 10 min | Cuisson : 15 min | Portions : 4

Ingrédients :

- 4 filets de cabillaud
- Herbes fraîches (thym, romarin, persil)
- 4 gousses d'ail, hachées
- Jus de citron
- Huile d'olive
- Sel et poivre

Instructions :

1. Préchauffez le four à 180°C.
2. Dans un bol, mélangez l'ail haché, les herbes fraîches, le jus de citron, l'huile d'olive, le sel et le poivre pour créer une marinade.
3. Badigeonnez les filets de cabillaud de cette marinade.
4. Placez les filets dans un plat allant au four et versez un peu d'eau au fond.
5. Enfournez pendant 15 minutes, ou jusqu'à ce que le cabillaud soit cuit et légèrement doré.
6. Servez avec des légumes de saison. Bon appétit !

Chapitre 7 :

Plats Végétariens et Végétaliens

Beignets d'Avocat à l'Air

Préparation : 15 min | Cuisson : 10 min | Portions : 4

Ingrédients :

- 2 avocats, tranchés
- 1 tasse de chapelure
- 1/2 tasse de farine
- Assaisonnement : paprika, cumin, sel
- 2 œufs battus
- Huile de cuisson en spray

Instructions :

1. Mélangez chapelure, farine, et assaisonnement.
2. Enrobez les tranches d'avocat d'œufs battus, puis de mélange sec.
3. Préchauffez la friteuse à air à 200°C.
4. Vaporisez d'huile, faites cuire 10 min jusqu'à dorure.
5. Servez avec une sauce. Bon appétit !

Croquettes de Pommes de Terre et Pois

Temps de préparation : 20 min | Temps de cuisson : 15 min | Portions : 4

Ingrédients :

- 400 g de pommes de terre cuites et écrasées
- 100 g de pois cuits
- 25 g de chapelure
- 1 œuf
- Sel et poivre, au goût
- Huile de cuisson en spray

Instructions :

1. Mélanger les pommes de terre écrasées, les pois, la chapelure et l'œuf dans un bol jusqu'à obtenir une pâte homogène.
2. Assaisonner avec du sel et du poivre selon votre goût.
3. Façonner la pâte en croquettes.
4. Préchauffer la friteuse à air à 180°C (350°F).
5. Vaporiser légèrement les croquettes d'huile de cuisson en spray.
6. Disposer les croquettes dans le panier de la friteuse sans les superposer.
7. Cuire environ 15 min dans la friteuse à air jusqu'à ce qu'elles soient dorées et croustillantes.
8. Servir chaud comme accompagnement ou en-cas.

Aubergines Grillées à l'Air

Temps de préparation : 10 min | Temps de cuisson : 15 min | Portions : 4

Ingrédients :

- 2 aubergines (environ 500 g), coupées en rondelles
- 2 cuillères à soupe d'huile d'olive
- 2 cuillères à café d'herbes de Provence (ou d'autres herbes de votre choix)
- Sel et poivre, au goût

Instructions :

1. Préchauffez la friteuse à air à 200°C.
2. Dans un grand bol, mélangez les rondelles d'aubergines avec 30 ml d'huile d'olive, les herbes de Provence, le sel et le poivre.
3. Placez les rondelles d'aubergines assaisonnées dans le panier de la friteuse à air.
4. Cuisez pendant 15 minutes, en secouant le panier à mi-cuisson pour une cuisson uniforme.
5. Les aubergines doivent être dorées et légèrement croustillantes à l'extérieur.
6. Servez chaud en garniture ou en accompagnement.

Frites de Panais Croustillantes

Temps de préparation : 10 min | Temps de cuisson : 20 min | Portions : 4

Ingrédients :

- 500 g de panais, pelés et coupés en bâtonnets
- 2 cuillères à soupe d'huile d'olive
- 1 cuillère à café de paprika doux
- Sel et poivre, au goût

Instructions :

1. Préchauffez la friteuse à air à 200°C.
2. Dans un grand bol, mélangez les bâtonnets de panais avec l'huile d'olive, le paprika, le sel et le poivre, en veillant à bien les enrober.
3. Placez les bâtonnets de panais assaisonnés dans le panier de la friteuse à air.
4. Cuisez pendant 20 minutes, en secouant le panier à mi-cuisson pour une cuisson uniforme.
5. Les frites de panais doivent être dorées et croustillantes à l'extérieur.
6. Servez chaud en accompagnement.

Tofu à la Sauce Teriyaki

Temps de préparation : 15 min | Temps de cuisson : 20 min | Portions : 4

Ingrédients :

- 400 g de tofu ferme, coupé en cubes
- 1/2 tasse (120 ml) de sauce teriyaki
- 2 cuillères à soupe d'huile d'olive
- 1 cuillère à soupe de graines de sésame grillées
- 2 oignons verts, émincés
- 2 cuillères à soupe de coriandre fraîche hachée
- Riz cuit, pour servir

Instructions :

1. Préchauffez la friteuse à air à 180°C.
2. Dans un grand bol, mélangez les cubes de tofu avec la sauce teriyaki pour bien les enrober.
3. Placez les cubes de tofu dans le panier de la friteuse à air préchauffée.
4. Cuisez pendant 20 minutes, en secouant le panier à mi-cuisson pour une cuisson uniforme.
5. Les cubes de tofu doivent être croustillants et dorés.
6. Servez le tofu à la sauce teriyaki sur du riz cuit chaud, saupoudré de graines de sésame, d'oignons verts émincés et de coriandre fraîche hachée.

Samoussas aux Épinards et au Fromage Feta

Temps de préparation : 30 min | Temps de cuisson : 15 min | Portions : 12 samoussas

Ingrédients :

- 200 g d'épinards frais, hachés
- 150 g de fromage feta, émietté
- 1 oignon, haché
- 2 cuillères à soupe d'huile d'olive
- 1/2 cuillère à café de cumin en poudre
- 1/2 cuillère à café de paprika
- 12 feuilles de brick
- Beurre fondu pour badigeonner
- Sel et poivre, au goût

Instructions :

1. Faites revenir les oignons dans l'huile d'olive. Ajoutez les épinards et faites cuire jusqu'à réduction.
2. Assaisonnez les épinards avec le cumin, le paprika, le sel et le poivre. Retirez du feu.
3. Préchauffez la friteuse à air à 180°C.
4. Coupez les feuilles de brick en deux.
5. Placez une cuillère à soupe de mélange d'épinards au bas de chaque demi-feuille de brick. Ajoutez une cuillère à soupe de fromage feta.
6. Pliez en triangles et badigeonnez de beurre fondu.
7. Cuisez les samoussas dans la friteuse à air préchauffée pendant 10 à 15 minutes jusqu'à ce qu'ils soient dorés et croustillants.
8. Servez chaud.

Boulettes de Quinoa et Légumes

Temps de préparation : 20 min | Temps de cuisson : 25 min | Portions : Environ 20 boulettes

Ingrédients :

- 185 g de quinoa sec
- 500 ml d'eau
- 1 courgette, râpée
- 1 carotte, râpée
- 1 oignon, haché finement
- 2 gousses d'ail, émincées
- Épices : 5 g de cumin, 2,5 g de paprika
- 60 g de chapelure
- 2 œufs
- Sel et poivre, au goût
- Huile d'olive pour la cuisson

Instructions

1. Rincez le quinoa et faites-le cuire dans 500 ml d'eau jusqu'à absorption.
2. Faites revenir l'oignon et l'ail, ajoutez la courgette et la carotte râpées. Cuisez 5 min.
3. Mélangez le quinoa cuit, les légumes, les épices, la chapelure, et les œufs.
4. Façonnez des boulettes et faites-les dorer dans l'huile.
5. Servez chaud. Bon appétit !

Chou-Fleur Rôti aux Herbes

Temps de préparation : 10 min | Temps de cuisson : 25 min | Portions : 4

Ingrédients :

- 1 chou-fleur moyen, coupé en petits bouquets
- 45 ml d'huile d'olive
- 5 g d'ail haché
- 5 g de romarin frais haché
- Sel et poivre, au goût

Instructions :

1. Préchauffez la friteuse à air à 200°C (390°F).
2. Dans un grand bol, mélangez les bouquets de chou-fleur avec l'huile d'olive, l'ail haché, le romarin, le sel et le poivre.
3. Placez les bouquets de chou-fleur assaisonnés dans le panier de la friteuse à air.
4. Faites cuire pendant 20-25 minutes jusqu'à ce que le chou-fleur soit tendre et doré, en secouant le panier à mi-cuisson.
5. Servez chaud en garniture ou en accompagnement. Bon appétit !

Beignets de Patate Douce

Temps de préparation : 15 min | Temps de cuisson : 15 min | Portions : 4

Ingrédients :

- 400 g de patates douces râpées
- 100 g de farine tout usage
- 1 cuillère à café de levure chimique
- 1 cuillère à café de cumin en poudre
- 1 cuillère à café de coriandre en poudre
- 2 œufs
- Sel et poivre, au goût
- Huile de cuisson

Instructions :

1. Mélangez les patates douces râpées, la farine, la levure chimique, le cumin, la coriandre, les œufs, le sel et le poivre dans un bol. La pâte doit être épaisse et collante.
2. Préchauffez la friteuse à air à 180°C (350°F).
3. Formez des boules de pâte avec deux cuillères et placez-les dans le panier de la friteuse à air sans les surcharger.
4. Faites cuire les beignets pendant 12 à 15 minutes jusqu'à ce qu'ils soient dorés et croustillants.
5. Égouttez les beignets sur du papier absorbant après les avoir retirés de la friteuse à air.
6. Servez-les chauds en accompagnement ou en collation. Bon appétit !

Rondelles d'Oignon à l'Air

Temps de préparation : 15 min | Temps de cuisson : 10 min | Portions : 4

Ingrédients :

- 2 oignons
- 125 g de farine
- 1 cuillère à café de paprika
- 1/2 cuillère à café de sel
- 1/2 cuillère à café de poivre
- 2 œufs
- 120 ml de lait
- 50 g de chapelure
- Huile de cuisson

Instructions :

1. Coupez les oignons en rondelles d'environ 1/2 cm d'épaisseur et séparez les anneaux.
2. Mélangez la farine, le paprika, le sel et le poivre dans un bol.
3. Battez les œufs dans un autre bol et ajoutez le lait.
4. Passez les rondelles d'oignon dans la farine, puis dans le mélange d'œufs et de lait, et enfin dans la chapelure pour les enrober uniformément.
5. Préchauffez la friteuse à air à 200°C.
6. Disposez les rondelles d'oignon dans le panier de la friteuse à air préchauffée en une seule couche.
7. Faites cuire pendant 8 à 10 minutes jusqu'à ce qu'elles soient dorées et croustillantes, en les retournant à mi-cuisson.
8. Égouttez les rondelles d'oignon croustillantes sur du papier absorbant.
9. Servez chaud en accompagnement ou en en-cas. Bon appétit !

Tofu Croustillant au Curry

Temps de préparation : 15 min | Temps de cuisson : 20 min | Portions : 4

Ingrédients :

- 400 g de tofu ferme, coupé en cubes
- 2 cuillères à soupe d'huile d'olive
- 1 cuillère à soupe de poudre de curry
- 1/2 cuillère à café de sel
- 1/4 cuillère à café de poivre
- 1/4 cuillère à café de poudre de paprika
- 1/4 cuillère à café de poudre d'ail
- 1/4 cuillère à café de poudre d'oignon

Instructions :

1. Préchauffez la friteuse à air à 180°C (350°F).
2. Dans un grand bol, mélangez l'huile d'olive, la poudre de curry, le sel, le poivre, le paprika, la poudre d'ail et la poudre d'oignon.
3. Ajoutez les cubes de tofu au mélange et assurez-vous qu'ils sont bien enrobés.
4. Placez les cubes de tofu dans le panier de la friteuse à air, en veillant à ne pas les superposer.
5. Faites cuire pendant environ 20 minutes, en secouant le panier à mi-cuisson, jusqu'à ce que le tofu soit croustillant et doré.
6. Servez chaud et dégustez !

Nuggets de Protéines Végétales

Préparation : 15 min | Cuisson : 15 min | Portions : 4

Ingrédients :

- 300 g de protéines de soja texturées
- 1/2 tasse (60 g) de chapelure
- 2 cuillères à soupe de levure nutritionnelle
- 1 cuillère à café de paprika
- 1/2 cuillère à café de sel
- 1/4 cuillère à café de poivre
- 1/4 cuillère à café d'ail en poudre
- 1/4 cuillère à café d'oignon en poudre
- 1 tasse (240 ml) d'eau chaude
- 2 cuillères à soupe de sauce soja
- 1 cuillère à soupe de ketchup
- 1 cuillère à soupe d'huile végétalienne

Instructions :

1. Réhydratez les protéines de soja texturées dans de l'eau chaude, puis pressez l'excès d'eau.
2. Préchauffez la friteuse à air à 180°C (350°F).
3. Mélangez la chapelure, la levure nutritionnelle, les épices et les assaisonnements dans un bol.
4. Dans un autre bol, mélangez la sauce soja, le ketchup et l'huile végétalienne.
5. Enrobez chaque morceau de protéines de soja dans le mélange liquide, puis roulez-les dans la chapelure assaisonnée.
6. Disposez les nuggets dans la friteuse à air sans les superposer.
7. Cuisez environ 15 minutes jusqu'à ce qu'ils soient dorés et croustillants.
8. Servez avec votre sauce favorite et dégustez ces délicieux nuggets végétaliens !

Frites de Courgette à l'Air

Préparation : 15 min | Cuisson : 15 min | Portions : 4

Ingrédients :

- 2 courgettes (400 g, coupées en bâtonnets)
- 120 g de chapelure
- 60 g de farine tout usage
- 1 cuillère à café de paprika
- 1/2 cuillère à café de sel
- 1/4 cuillère à café de poivre
- 2 œufs battus
- 60 ml de lait
- Huile en vaporisateur

Instructions :

1. Préchauffez la friteuse à air à 200°C (400°F).
2. Mélangez la chapelure, la farine, le paprika, le sel et le poivre dans un bol.
3. Battez les œufs avec le lait dans un autre bol.
4. Enrobez les bâtonnets de courgette d'abord dans le mélange d'œufs, puis dans le mélange de chapelure.
5. Disposez-les sur le plateau de la friteuse à air, en les espaçant.
6. Vaporisez légèrement d'huile en utilisant un spray.
7. Cuisez les frites de courgette dans la friteuse à air pendant environ 15 minutes jusqu'à ce qu'elles soient dorées et croustillantes.
8. Servez avec votre sauce préférée.

Galettes de Patate Douce et Haricots Noirs

Préparation : 15 min | Cuisson : 20 min | Portions : 4

Ingrédients :

- 400 g de patates douces
- 400 g de haricots noirs cuits
- 60 g de farine de maïs
- Épices : cumin, paprika, sel, poivre
- 2 cuillères à soupe de coriandre fraîche
- 1 oignon vert
- 1 cuillère à soupe d'huile d'olive

Instructions :

1. Cuisez les patates douces à la vapeur et écrasez-les.
2. Mélangez les patates douces écrasées, les haricots noirs cuits, la farine de maïs, les épices, la coriandre, l'oignon vert.
3. Formez des galettes.
4. Préchauffez la friteuse à air à 200°C.
5. Badigeonnez d'huile d'olive.
6. Faites cuire les galettes 10 min de chaque côté.
7. Servez chaud avec votre sauce préférée. Bon appétit !

Beignets d'Artichaut à l'Air

Préparation : 20 min | Cuisson : 10 min | Portions : 4

Ingrédients :

- 400 g de cœurs d'artichaut en conserve, égouttés
- 100 g de farine
- 1 cuillère à café de levure chimique
- 1 cuillère à café de paprika
- Sel et poivre, au goût
- 1 œuf
- 180 ml de lait
- 2 cuillères à soupe d'huile d'olive

Instructions :

1. Préchauffez la friteuse à air à 180°C.
2. Dans un bol, mélangez la farine, la levure chimique, le paprika, le sel et le poivre.
3. Dans un autre bol, battez l'œuf et ajoutez-y le lait.
4. Incorporez le mélange liquide au mélange sec en remuant jusqu'à obtenir une pâte lisse.
5. Trempez chaque cœur d'artichaut dans la pâte pour les enrober uniformément.
6. Placez les cœurs d'artichaut enrobés dans le panier de la friteuse à air, en les espaçant.
7. Arrosez d'huile d'olive.
8. Faites cuire pendant 10 minutes, ou jusqu'à ce que les beignets soient dorés et croustillants.
9. Servez chaud avec une sauce de votre choix. Bon appétit !

Roulés de Printemps aux Légumes

Préparation : 30 min | Portions : 4

Ingrédients :

- 8 feuilles de riz
- Légumes variés (carotte, concombre, poivron rouge)
- Vermicelles de riz
- Feuilles de laitue et de menthe
- Sauce au choix

Instructions :

1. Ramollissez les feuilles de riz dans l'eau.
2. Ajoutez la garniture (légumes, vermicelles, feuilles).
3. Roulez pour former un rouleau.
4. Servez avec de la sauce.

Croquettes de Brocoli

Préparation : 20 min | Cuisson : 15 min | Portions : 4

Ingrédients :

- 500 g de brocoli
- 1/2 oignon
- 2 gousses d'ail
- 100 g de fromage râpé
- 1 œuf
- 100 g de chapelure
- Sel et poivre
- Huile d'olive

Instructions :

1. Cuisez le brocoli à la vapeur jusqu'à tendreté.
2. Faites revenir l'oignon et l'ail dans de l'huile d'olive.
3. Mélangez le brocoli, l'oignon, l'ail, le fromage, l'œuf, la chapelure, le sel et le poivre.
4. Formez des croquettes.
5. Faites cuire dans de l'huile d'olive jusqu'à dorure.
6. Égouttez et servez chaud.

Champignons à l'Ail et au Persil

Préparation : 15 min | Cuisson : 15 min | Portions : 4

Ingrédients :

- 500 g de champignons
- 3 gousses d'ail
- 2 cuillères à soupe de persil frais haché
- 2 cuillères à soupe d'huile d'olive
- Sel et poivre, au goût

Instructions :

- Nettoyez les champignons et coupez-les en tranches.
- Dans une poêle, faites chauffer l'huile d'olive à feu moyen. Ajoutez les champignons et faites-les sauter jusqu'à ce qu'ils soient dorés.
- Ajoutez l'ail finement haché et poursuivez la cuisson pendant quelques minutes, jusqu'à ce que l'ail soit parfumé.
- Saupoudrez de persil frais haché, assaisonnez avec du sel et du poivre, puis mélangez bien.
- Servez chaud en accompagnement ou en apéritif.

Ailes de Chou-Fleur au Sriracha

Préparation : 15 min | Cuisson : 25 min | Portions : 4

Ingrédients :

- 1 chou-fleur (environ 800 grammes)
- 120 grammes de farine
- 120 millilitres d'eau
- 1 cuillère à café de poudre d'ail
- 1 cuillère à café de poudre d'oignon
- 1/2 cuillère à café de paprika
- 120 millilitres de sauce Sriracha
- 2 cuillères à soupe de beurre fondu
- Sel et poivre, au goût

Instructions :

1. Mélangez la farine, l'eau, la poudre d'ail, la poudre d'oignon, le paprika, le sel et le poivre pour obtenir une pâte lisse.
2. Enrobez les bouquets de chou-fleur de la pâte.
3. Cuisez au four à 220°C pendant 20-25 minutes.
4. Mélangez la sauce Sriracha et le beurre fondu.
5. Arrosez le chou-fleur de la sauce et cuisez 5 minutes de plus.
6. Servez chaud.

Frites de Betterave Croustillantes

Préparation : 15 min | Cuisson : 25 min | Portions : 4

Ingrédients :

- 4 betteraves moyennes (environ 600 g)
- 60 ml d'huile d'olive
- 2 cuillères à soupe de farine (20 g)
- 1 cuillère à café de paprika
- Sel et poivre, au goût

Instructions :

1. Épluchez et coupez les betteraves en bâtonnets de forme similaire à des frites.
2. Mélangez les bâtonnets de betterave avec l'huile d'olive, la farine, le paprika, le sel et le poivre jusqu'à les enrober uniformément.
3. Préchauffez la friteuse à air à 200°C.
4. Disposez les bâtonnets de betterave dans le panier de la friteuse à air en une seule couche.
5. Cuisez pendant 20-25 minutes, en secouant le panier à mi-cuisson pour une cuisson uniforme.
6. Les frites de betterave sont prêtes lorsque leur surface est croustillante et dorée.
7. Servez chaud avec la sauce de votre choix.

Tofu à la Sauce aux Arachides

Préparation : 10 min | Cuisson : 20 min | Portions : 4

Ingrédients :

- 400 g de tofu ferme, coupé en cubes
- 3 cuillères à soupe de beurre d'arachide
- 2 cuillères à soupe de sauce soja
- 2 cuillères à soupe de sirop d'érable
- 1 cuillère à café de vinaigre de riz
- 1 cuillère à café de gingembre râpé
- 1 gousse d'ail, hachée
- 1 cuillère à soupe d'huile d'arachide
- Graines de sésame grillées (facultatif)
- Ciboulette hachée (facultatif)

Instructions :

1. Mélangez beurre d'arachide, sauce soja, sirop d'érable, vinaigre de riz, gingembre, et ail pour préparer la sauce aux arachides.
2. Faites dorer les cubes de tofu dans l'huile d'arachide dans une poêle à feu moyen, environ 5 minutes.
3. Versez la sauce aux arachides sur le tofu dans la poêle. Laissez mijoter 10-15 minutes jusqu'à ce que la sauce épaississe et enrobe bien le tofu, en remuant occasionnellement.
4. Servez chaud, garni de graines de sésame grillées et de ciboulette hachée, si désiré. Accompagnez de riz ou de légumes sautés, si souhaité.

Courgettes Panées à l'Air

Préparation : 10 min | Cuisson : 15 min | Portions : 4

Ingrédients :

- 2 courgettes
- 125 g de chapelure
- 60 g de parmesan râpé
- 1 cuillère à café de paprika
- 1 cuillère à café d'ail en poudre
- 2 œufs
- Sel et poivre, au goût
- Spray d'huile de cuisson

Instructions :

1. Préchauffez la friteuse à air à 200°C.
2. Mélangez la chapelure, le parmesan, le paprika, l'ail en poudre, le sel et le poivre dans un bol.
3. Trempez les tranches de courgette dans les œufs battus, puis dans le mélange de chapelure pour les enrober.
4. Disposez les tranches de courgette panées dans le panier de la friteuse à air.
5. Vaporisez-les légèrement d'huile de cuisson.
6. Cuisez pendant environ 15 minutes jusqu'à ce qu'elles soient dorées et croustillantes.
7. Servez chaud avec la sauce de votre choix.

Croquettes de Quinoa aux Herbes

Préparation : 15 min | Cuisson : 15 min | Portions : 4

Ingrédients :

- 200 g de quinoa cuit
- 1 œuf
- 2 cuillères à soupe de farine
- 2 cuillères à soupe de parmesan râpé
- 2 cuillères à soupe de persil frais haché
- 1 cuillère à soupe de ciboulette fraîche hachée
- 1 cuillère à café d'ail en poudre
- Sel et poivre, au goût
- Huile d'olive pour la cuisson

Instructions :

1. Mélangez le quinoa cuit, l'œuf, la farine, le parmesan, le persil, la ciboulette, l'ail en poudre, le sel et le poivre dans un bol. La mixture doit être épaisse et collante.
2. Formez des petites croquettes avec ce mélange en utilisant vos mains.
3. Faites chauffer de l'huile d'olive dans une poêle à feu moyen.
4. Cuisez les croquettes de quinoa pendant environ 3 à 4 minutes de chaque côté, jusqu'à ce qu'elles soient dorées et croustillantes.
5. Égouttez-les sur du papier absorbant pour éliminer l'excès d'huile.
6. Servez chaud avec une sauce au yaourt à l'aneth ou une sauce à l'ail.

Aubergines Grillées au Paprika

Préparation : 10 min | Cuisson : 15 min | Portions : 4

Ingrédients :

- 2 aubergines
- 2 cuillères à soupe d'huile d'olive
- 1 cuillère à café de paprika
- 1 cuillère à café de sel
- 1/2 cuillère à café de poivre noir
- 2 cuillères à soupe de persil frais haché (facultatif)

Instructions :

1. Préchauffez la friteuse à air à 200 °C.
2. Mélangez les tranches d'aubergine avec l'huile d'olive, le paprika, le sel et le poivre.
3. Disposez les aubergines dans le panier de la friteuse sans les superposer.
4. Faites cuire pendant 12-15 minutes jusqu'à ce qu'elles soient dorées et croustillantes, en les retournant à mi-cuisson.
5. Garnissez de persil haché (facultatif) avant de servir.

Beignets d'Oignon Rouge à l'Air

Préparation : 15 min | Cuisson : 10 min | Portions : 4

Ingrédients :

- 2 oignons rouges, en rondelles
- 1 tasse de farine
- 1 cuillère à café de paprika
- 1/2 cuillère à café de sel
- 1/4 de cuillère à café de poivre
- 1 tasse de lait
- 1 œuf
- 1 cuillère à soupe d'huile végétale
- Huile de cuisson pour la friteuse à air

Instructions :

1. Préchauffez la friteuse à air à 200 °C.
2. Mélangez les ingrédients secs dans un bol.
3. Battez l'œuf, ajoutez le lait et l'huile dans un autre bol.
4. Versez le mélange liquide dans le mélange sec et mélangez pour obtenir une pâte.
5. Trempez les rondelles d'oignon dans la pâte.
6. Cuisez dans la friteuse à air jusqu'à ce qu'elles soient dorées (environ 10 minutes).
7. Servez chaud avec votre sauce préférée. Profitez !

Poivrons Piquillos Farcis

Préparation : 15 min | Cuisson : 15 min | Portions : 4

Ingrédients :

- 16 poivrons Piquillos
- 200 g de thon en boîte, égoutté
- 1/2 oignon, haché
- 1 gousse d'ail, hachée
- 2 cuillères à soupe d'huile d'olive
- 1/2 cuillère à café de paprika
- Sel et poivre, au goût
- 1 cuillère à soupe de persil frais, haché

Instructions :

1. Préchauffez le four à 180 °C.
2. Dans une poêle, faites revenir l'oignon et l'ail dans l'huile d'olive jusqu'à tendreté.
3. Ajoutez le thon égoutté, le paprika, le sel et le poivre. Mélangez et faites cuire quelques minutes.
4. Remplissez les poivrons Piquillos avec le mélange de thon.
5. Placez les poivrons farcis dans un plat allant au four et faites cuire environ 15 minutes, jusqu'à ce qu'ils soient bien chauds.
6. Avant de servir, saupoudrez de persil haché. Bon appétit !

Beignets de Champignons à l'Air

Préparation : 15 min | Cuisson : 10 min | Portions : 4

Ingrédients :

- 250 g de champignons, tranchés
- 1 tasse de farine tout usage
- 1 cuillère à café de levure chimique
- 1/2 cuillère à café de paprika
- 1/2 cuillère à café de sel
- 1/4 cuillère à café de poivre noir
- 1/2 tasse de lait
- 1 œuf
- Huile de cuisson pour la friteuse à air

Instructions :

1. Préchauffez la friteuse à air à 200 °C.
2. Mélangez les ingrédients secs.
3. Battez l'œuf dans un autre bol, ajoutez le lait, puis mélangez bien.
4. Trempez les champignons dans le mélange d'œuf et de lait, puis roulez-les dans le mélange de farine assaisonnée.
5. Cuisez dans la friteuse à air préchauffée pendant 10 minutes.
6. Servez chaud. Bon appétit !

Samoussas aux Patates Douces

Préparation : 30 min | Cuisson : 15 min | Portions : 12 samoussas

Ingrédients :

- 2 grosses patates douces, pelées et coupées en petits dés
- 1 oignon, finement haché
- Épices : curry, cumin, coriandre, paprika, curcuma
- Sel et poivre noir, au goût
- 12 feuilles de pâte à samoussas
- Beurre fondu (ou huile d'olive, pour badigeonner)

Instructions :

1. Faites revenir l'oignon et les dés de patates douces dans de l'huile d'olive.
2. Ajoutez les épices, le sel et le poivre. Cuisez jusqu'à tendreté.
3. Préchauffez la friteuse à air à 180 °C.
4. Remplissez chaque feuille de pâte avec la garniture, formez des samoussas et scellez-les avec du beurre fondu (ou de l'huile).
5. Cuisez les samoussas dans la friteuse à air pendant 10-15 minutes jusqu'à ce qu'ils soient croustillants.
6. Servez chaud avec des sauces au choix. Bon appétit !

Beignets de Maïs Croustillants

Préparation : 15 min | Cuisson : 15 min | Portions : 4 personnes

Ingrédients :

- 200 g de maïs (frais, surgelé, ou en conserve, égoutté)
- 125 g de farine de maïs
- 60 g de farine tout usage
- 1 cuillère à soupe de sucre
- 1 cuillère à café de levure chimique
- 1/2 cuillère à café de sel
- 1/4 cuillère à café de poivre noir
- 1/4 cuillère à café de paprika (facultatif)
- 1 œuf
- 120 ml de lait
- 2 cuillères à soupe de beurre fondu
- Huile de cuisson

Instructions :

1. Mélanger les ingrédients secs dans un grand bol.
2. Dans un autre bol, battre l'œuf, puis ajouter le lait et le beurre fondu. Mélanger.
3. Verser le mélange liquide dans le mélange sec, ajouter les grains de maïs et bien mélanger.
4. Préchauffer la friteuse à air à 200 °C.
5. À l'aide de deux cuillères, former des portions de pâte et les déposer dans la friteuse à air préchauffée, sans les superposer.
6. Cuire les beignets de maïs dans la friteuse à air pendant 10 à 15 minutes, jusqu'à ce qu'ils soient dorés et croustillants.
7. Égoutter sur du papier absorbant pour enlever l'excès d'huile.
8. Servir chaud. Bon appétit !

Tempura de Légumes Assortis

Préparation : 20 min | Cuisson : 15 min | Portions : 4

Ingrédients :

- 200 g de carottes (en lanières)
- 200 g de courgettes (en lanières)
- 1 poivron rouge (en lanières)
- 1 oignon (en rondelles)
- 200 g de champignons (en quartiers)
- 125 g de farine tout usage
- 20 g de fécule de maïs
- 1/2 cuillère à café de sel
- 1/4 cuillère à café de poivre noir
- 240 ml d'eau glacée
- Huile de cuisson
- Sauce tempura ou sauce soja pour tremper

Instructions :

1. Préchauffez la friteuse à air à 200 °C.
2. Mélangez la farine, la fécule de maïs, le sel et le poivre dans un grand bol. Incorporez l'eau glacée progressivement pour obtenir une pâte lisse.
3. Enrobez les légumes de la pâte à tempura.
4. Disposez les légumes enrobés dans le panier de la friteuse à air sans les superposer.
5. Faites cuire les légumes dans la friteuse à air préchauffée pendant 10-15 minutes, jusqu'à ce qu'ils soient dorés et croustillants.
6. Servez les tempuras de légumes avec de la sauce tempura ou de la sauce soja pour tremper.
7. Dégustez vos tempuras de légumes assortis !

Roulés de Printemps aux Amandes

Préparation : 20 min | Portions : 4

Ingrédients :

- 8 feuilles de riz pour rouleaux de printemps
- Légumes frais (carottes, concombre, avocat, poivron rouge)
- Amandes effilées grillées
- Sauce aux arachides (pour la trempette)

Instructions :

1. Ramollissez une feuille de riz dans de l'eau tiède.
2. Garnissez la feuille de riz avec des légumes.
3. Saupoudrez d'amandes effilées.
4. Roulez pour former un rouleau.
5. Servez avec de la sauce aux arachides.
6. Savourez ces roulés aux amandes !

Chou-Fleur à la Sauce Buffalo

Préparation : 15 min | Cuisson : 25 min | Portions : 4

Ingrédients :

- 1 chou-fleur, coupé en petits bouquets
- 125 g de farine
- 240 ml d'eau
- 1 cuillère à café de paprika fumé
- 1/2 cuillère à café de sel
- 1/4 de cuillère à café de poivre noir
- 60 ml de sauce piquante
- 60 ml de beurre fondu
- 15 ml de vinaigre blanc
- 15 ml de miel

Instructions :

1. Préchauffez la friteuse à air à 190°C (375°F).
2. Mélangez la farine, l'eau, le paprika, le sel et le poivre pour obtenir une pâte lisse.
3. Enrobez les bouquets de chou-fleur de cette pâte.
4. Cuisez-les dans la friteuse à air pendant 20 à 25 minutes jusqu'à dorure.
5. Pendant la cuisson, préparez la sauce Buffalo en mélangeant la sauce piquante, le beurre fondu, le vinaigre blanc et le miel.
6. Une fois le chou-fleur cuit, versez la sauce Buffalo et mélangez.
7. Servez chaud. Accompagnez de sauce ranch ou trempette au céleri.
8. Dégustez votre chou-fleur à la sauce Buffalo croustillant !

Frites de Courge Spaghetti

Préparation : 10 min | Cuisson : 30 min | Portions : 4

Ingrédients :

- 1 courge spaghetti moyenne
- 30 ml d'huile d'olive
- 5 ml de paprika
- 5 ml d'ail en poudre
- 5 ml de sel
- 2,5 ml de poivre noir

Instructions :

1. Préchauffez la friteuse à air à 200°C (392°F).
2. Coupez la courge spaghetti en lanières.
3. Mélangez les lanières de courge avec l'huile, le paprika, l'ail en poudre, le sel et le poivre.
4. Disposez-les dans la friteuse à air et faites cuire 20-30 minutes jusqu'à dorure.
5. Servez chaud avec votre sauce préférée.

Tofu à la Sauce Aigre-Douce

Préparation : 10 min | Cuisson : 20 min | Portions : 4

Ingrédients :

1. 400 g de tofu ferme, coupé en dés
2. 30 ml de sauce soja
3. 30 ml de vinaigre de riz
4. 45 ml de sauce aigre-douce
5. 15 ml de ketchup
6. 45 ml de sucre
7. 5 ml d'huile de sésame
8. 2 gousses d'ail, hachées
9. 1 petit morceau de gingembre frais, râpé
10. 15 ml de fécule de maïs
11. 30 ml d'eau
12. 30 ml d'huile végétale

Instructions :

1. Mélangez sauce soja, vinaigre de riz, sauce aigre-douce, ketchup, sucre, huile de sésame, ail haché et gingembre râpé pour créer la sauce aigre-douce.
2. Dans un bol, mélangez la fécule de maïs et l'eau pour créer une pâte
3. Faites chauffer l'huile végétale dans une poêle à feu moyen.
4. Enrobez les dés de tofu dans la pâte de fécule de maïs.
5. Faites frire les dés de tofu jusqu'à ce qu'ils soient dorés et croustillants.
6. Dans une autre poêle, faites chauffer la sauce aigre-douce jusqu'à épaississement.
7. Ajoutez les dés de tofu frits dans la sauce aigre-douce et mélangez.
8. Servez chaud, garni de graines de sésame et d'oignons verts (facultatif).
9. Dégustez votre tofu à la sauce aigre-douce avec du riz ou des légumes sautés

Aubergines à la Tomate et au Fromage

Préparation : 15 min | Cuisson : 30 min | Portions : 4

Ingrédients :

- 2 aubergines
- 500 g de tomates pelées et concassées
- 200 g de fromage râpé (type mozzarella)
- 2 gousses d'ail hachées
- 30 ml d'huile d'olive
- 5 ml d'origan séché
- Sel et poivre, au goût
- Basilic frais (facultatif, pour garnir)

Instructions :

1. Préchauffez la friteuse à air à 190°C (375°F).
2. Lavez, coupez en rondelles d'1 cm les aubergines.
3. Mélangez les tomates pelées et concassées, l'ail, l'origan, le sel et le poivre dans un bol.
4. Badigeonnez les rondelles d'aubergines d'huile d'olive des deux côtés.
5. Alternez les couches d'aubergines, du mélange de tomates et du fromage râpé dans la friteuse à air.
6. Faites cuire environ 30 min jusqu'à ce que les aubergines soient tendres et le fromage doré.
7. Garnissez de basilic frais avant de servir (facultatif).

Beignets de Champignons Portobello

Préparation : 15 min | Cuisson : 15 min | Portions : 4

Ingrédients :

- 4 champignons Portobello
- 1 tasse de farine
- 1 cuillère à café de paprika
- 1 cuillère à café d'ail en poudre
- 1 cuillère à café d'oignon en poudre
- 1/2 cuillère à café de sel
- 1/4 de cuillère à café de poivre noir
- 1 tasse de lait
- 1 œuf
- 1 tasse de chapelure
- Huile de cuisson

Instructions :

1. Préchauffez la friteuse à air à 190°C (375°F).
2. Nettoyez et coupez les champignons en tranches.
3. Mélangez la farine, le paprika, l'ail, l'oignon, le sel et le poivre.
4. Battez l'œuf avec le lait.
5. Enrobez les tranches de champignons dans la farine, le mélange œuf-lait, puis la chapelure.
6. Cuisez dans la friteuse à air pendant environ 15 minutes.
7. Servez chaud avec de la sauce marinara.

Galettes de Carottes aux Herbes

Préparation : 15 min | Cuisson : 10 min | Portions : 4

Ingrédients :

- 4 à 5 carottes (400-500 g), pelées et râpées
- 2 cuillères à soupe de persil frais haché
- 2 cuillères à soupe de ciboulette fraîche hachée
- 1 œuf
- 60 g de farine
- Sel et poivre au goût
- Huile d'olive pour la cuisson

Instructions :

1. Mélangez carottes, persil, ciboulette, œuf, farine, sel, et poivre.
2. Chauffez une poêle avec de l'huile.
3. Formez des galettes et faites-les cuire 3-4 min de chaque côté.
4. Servez avec une sauce au choix.

Boulettes de Légumes aux Pois Chiches

Préparation : 15 min | Cuisson : 20 min | Portions : 4

Ingrédients :

- 1 boîte de pois chiches (400 g)
- 1 carotte, râpée
- 1 oignon, haché
- 2 gousses d'ail, émincées
- 1 cuillère à soupe d'huile d'olive
- 1 cuillère à café de cumin en poudre
- 1 cuillère à café de coriandre en poudre
- Sel et poivre
- 2 cuillères à soupe de farine
- Huile de cuisson

Instructions :

1. Dans une poêle, faites revenir l'oignon et l'ail dans l'huile d'olive.
2. Mixez les pois chiches égouttés, la carotte, les épices, l'oignon, l'ail, le sel, et le poivre.
3. Transférez la pâte dans un bol et ajoutez la farine. Formez des boulettes.
4. Dans une poêle chaude avec de l'huile, faites cuire les boulettes jusqu'à ce qu'elles soient dorées.
5. Servez avec une sauce au choix.

Courgettes Grillées à l'Ail

Préparation : 10 min | Cuisson : 10 min | Portions : 4

Ingrédients :

- 4 courgettes moyennes, en rondelles
- 3 gousses d'ail, hachées
- 3 cuillères à soupe d'huile d'olive
- Sel et poivre au goût
- Parmesan râpé (facultatif)
- Persil frais haché (facultatif)

Instructions :

1. Mélangez les courgettes, l'ail, et l'huile d'olive.
2. Faites griller les courgettes pendant 4-5 minutes de chaque côté.
3. Saupoudrez de parmesan et de persil (facultatif).
4. Servez chaud en accompagnement.

Samoussas aux Épinards et aux Lentilles

Préparation : 20 min | Cuisson : 10 min | Portions : 4

Ingrédients :

- Feuilles de brick
- Épinards, lentilles, oignon, ail, épices
- Huile en spray pour friteuse à air

Instructions :

1. Préparez le mélange épinards, lentilles, oignon, ail et épices.
2. Remplissez chaque demi-feuille de brick.
3. Pliez en triangles.
4. Vaporisez d'huile en spray.
5. Cuisez dans la friteuse à air à 180°C jusqu'à dorure (environ 10 min).
6. Servez chaud avec une sauce au choix.

Pois Chiches Rôtis à l'Air aux Épices Cajun

Préparation : 10 min | Cuisson : 15 min | Portions : 4

Ingrédients :

- 2 boîtes de pois chiches (2 x 400 g), égouttés
- 2 cuillères à soupe d'huile d'olive
- Épices cajun, paprika fumé, poudre d'ail, sel, poivre

Instructions :

1. Mélangez les pois chiches avec l'huile et les épices.
2. Cuisez dans la friteuse à air à 200°C pendant environ 15 min.
3. Servez chaud en collation ou en accompagnement.

Beignets de Courgette à la Sauce Tzatziki à la Friteuse à Air

Préparation : 20 min | Cuisson : 15 min | Portions : 4

Ingrédients Beignets de Courgette :

- 2 courgettes râpées (400 g)
- 1 oignon, ail
- 50 g feta, 30 g farine, chapelure, parmesan
- Aneth, menthe (15 g)
- 2 œufs, sel, poivre

Ingrédients Sauce Tzatziki :

- 1/2 concombre râpé (100 g)
- 240 ml yaourt grec
- Ail (2 gousses), huile d'olive (15 ml), jus de citron (15 ml)
- Aneth (15 g), sel, poivre

Instructions :

1. Mélangez courgettes, oignon, ail, feta, farine, chapelure, parmesan, herbes, œufs, sel, poivre.
2. Façonnez des beignets et cuisez à 200°C pendant 12-15 min.
3. Pour la sauce, mélangez concombre, yaourt, ail, huile, citron, aneth, sel, poivre.
4. Servez les beignets chauds avec la sauce.

Tofu aux Herbes et à l'Ail

Préparation : 15 min | Cuisson : 15 min | Portions : 4

Ingrédients :

- 400 g de tofu ferme, coupé en cubes
- 3 gousses d'ail, émincées
- 2 cuillères à soupe d'huile d'olive
- 2 cuillères à soupe de sauce soja
- 1 cuillère à soupe de persil frais haché
- 1 cuillère à soupe de ciboulette fraîche hachée
- 1 cuillère à café d'origan séché
- Sel et poivre au goût

Instructions :

1. Mélangez l'ail, l'huile, la sauce soja, les herbes, le sel et le poivre.
2. Enrobez le tofu de ce mélange et laissez mariner 10 min.
3. Cuisez le tofu dans une poêle jusqu'à ce qu'il soit doré.
4. Servez chaud en accompagnement ou comme garniture.

Ailes de Chou-Fleur à la Barbecue à la Friteuse à Air

Préparation : 15 min | Cuisson : 15 min | Portions : 4

Ingrédients :

- 1 chou-fleur moyen, en bouquets (environ 700 g)
- 120 g de farine
- 240 ml de lait végétal
- Épices : paprika fumé, ail, oignon, sel, poivre
- 240 ml de sauce barbecue (au choix)

Instructions :

1. Mélangez farine, lait, épices pour obtenir une pâte.
2. Enrobez les bouquets de chou-fleur.
3. Cuisez dans la friteuse à air à 200°C pendant 15 min.
4. Chauffez la sauce barbecue.
5. Mélangez le chou-fleur cuit avec la sauce.
6. Servez chaud.

Frites de Courge Butternut à la Cannelle à la Friteuse à Air

Préparation : 15 min | Cuisson : 20 min | Portions : 4

Ingrédients :

- 1 courge butternut moyenne, pelée et coupée en bâtonnets
- 2 cuillères à soupe d'huile d'olive
- 1 cuillère à café de cannelle en poudre
- 1/2 cuillère à café de sel
- 1/4 de cuillère à café de poivre noir
- 1/4 de cuillère à café de paprika doux (facultatif)

Instructions :

1. Préchauffez la friteuse à air à 200°C.
2. Mélangez les bâtonnets de courge avec l'huile d'olive.
3. Assaisonnez avec la cannelle, le sel, le poivre, et le paprika.
4. Cuisez dans la friteuse à air pendant 18-20 minutes, en secouant à mi-cuisson.
5. Servez chaud.

Roulés de Printemps aux Crevettes à la Friteuse à Air

Préparation : 30 min | Cuisson : 10 min | Portions : 4

Ingrédients :

- 12 galettes de riz
- 200 g de crevettes cuites
- 100 g de vermicelles de riz
- 1 carotte
- 1 concombre
- 1 avocat
- Feuilles de menthe
- Feuilles de coriandre

Sauce :

- 60 ml de sauce soja
- 30 ml de jus de citron
- 1 cuillère à soupe de miel
- 1 gousse d'ail
- 1 cuillère à café de gingembre râpé
- 1 cuillère à soupe d'huile de sésame

Instructions :

1. Préparez la sauce et réservez.
2. Ramollissez une galette de riz dans l'eau tiède, placez-la sur une surface de travail.
3. Garnissez de crevettes, vermicelles, carotte, concombre, avocat, menthe et coriandre.
4. Roulez fermement.
5. Préchauffez la friteuse à air à 180°C.
6. Cuisez les roulés pendant 10 min.
7. Servez chaud avec la sauce pour tremper.

Beignets de Brocoli et Cheddar à la Friteuse à Air

Préparation : 20 min | Cuisson : 10 min | Portions : 4

Ingrédients :

- 300 g de brocoli frais
- 120 g de cheddar râpé
- 60 g de farine tout usage
- 2 œufs
- 1/2 cuillère à café de levure chimique
- Sel et poivre
- Huile en spray pour la friteuse à air

Instructions :

1. Faites bouillir les bouquets de brocoli pendant 3 minutes, égouttez et rincez-les.
2. Mélangez les œufs, la farine, la levure, le cheddar, le sel et le poivre.
3. Incorporez les bouquets de brocoli.
4. Préchauffez la friteuse à air à 190°C.
5. Vaporisez d'huile en spray, cuisez pendant 10 minutes. Servez chaud avec la sauce de votre choix.

Poivrons Grillés aux Herbes à la Friteuse à Air

Préparation : 10 min | Cuisson : 20 min | Portions : 4

Ingrédients :

1. 4 poivrons (environ 500 g, de couleurs variées)
2. 30 ml d'huile d'olive extra vierge
3. 2 gousses d'ail, hachées finement
4. 15 g d'herbes fraîches (thym, romarin, basilic ou mélange d'herbes)
5. Sel et poivre, au goût

Instructions :

1. Préchauffez la friteuse à air à 200°C (390°F).
2. Lavez, séchez, et coupez les poivrons en deux, retirez les graines et les membranes.
3. Badigeonnez-les avec un mélange d'huile, d'ail, d'herbes, de sel et de poivre.
4. Cuisez dans la friteuse à air à 200°C pendant 15-20 min, côté peau vers le bas.
5. Retirez la peau noircie, puis coupez les poivrons en lanières ou morceaux.
6. Servez chaud ou à température ambiante.

Beignets de Chou Kale à l'Air

Préparation : 15 min | Cuisson : 10 min | Portions : 4

Ingrédients :

- 1 bouquet de chou kale (environ 200 g)
- 60 g de chapelure
- 30 g de parmesan râpé
- 60 ml de lait
- 1 œuf
- 1/2 c. à café de sel
- 1/4 c. à café de poivre
- 1/4 c. à café de paprika
- Huile en spray pour la friteuse à air

Instructions :

1. Préchauffez la friteuse à air à 200°C.
2. Lavez, séchez et coupez le chou kale en morceaux.
3. Mélangez la chapelure, le parmesan, le sel, le poivre et le paprika dans un bol.
4. Battez l'œuf et mélangez-le avec le lait dans un autre bol.
5. Trempez le chou kale dans le mélange d'œuf et de lait, puis enrobez-le de chapelure.
6. Placez les morceaux de chou kale dans la friteuse à air sans les superposer.
7. Vaporisez d'huile en spray.
8. Cuisez pendant 8-10 minutes jusqu'à ce qu'ils soient croustillants et dorés.
9. Servez chaud avec une sauce au choix.

Boulettes de Légumes aux Épinards à la Friteuse à Air

Préparation : 15 min | Cuisson : 15 min | Portions : 4

Ingrédients :

- 200 g d'épinards hachés
- 1/2 oignon, haché
- 2 gousses d'ail, hachées
- 1 carotte, râpée
- 1 courgette, râpée
- 60 g de chapelure
- 30 g de parmesan râpé
- 30 g de fromage mozzarella râpé
- 1 œuf
- 1 c. à café d'origan séché
- 1/2 c. à café de sel
- 1/4 c. à café de poivre
- Huile en spray pour la friteuse à air

Instructions :

1. Faites revenir l'oignon et l'ail, ajoutez les épinards pour les faire flétrir. Laissez refroidir.
2. Mélangez les épinards refroidis, la carotte, la courgette, la chapelure, le parmesan, le mozzarella, l'œuf, l'origan, le sel et le poivre.
3. Préchauffez la friteuse à air à 180°C.
4. Façonnez des boulettes, placez-les dans la friteuse, vaporisez d'huile.
5. Cuisez 12-15 min jusqu'à dorure.
6. Servez chaud avec une sauce au choix.

Ailes de Chou-Fleur à l'Ail et au Parmesan à la Friteuse à Air

Préparation : 15 min | Cuisson : 20 min | Portions : 4

Ingrédients :

- 1 chou-fleur moyen, en bouquets
- 120 g de chapelure
- 60 g de parmesan râpé
- 1 c. à café d'ail en poudre
- 1 c. à café de paprika
- 1/2 c. à café de sel
- 1/4 c. à café de poivre
- 120 ml de lait
- 2 c. à soupe d'huile d'olive
- Sauce à l'Ail et au Parmesan :
- 4 c. à soupe de beurre
- 4 gousses d'ail, hachées
- 60 g de parmesan râpé
- 2 c. à soupe de persil frais, haché (facultatif)

Instructions :

1. Préchauffez la friteuse à air à 200°C.
2. Mélangez chapelure, parmesan, ail en poudre, paprika, sel, et poivre dans un bol.
3. Trempez les bouquets de chou-fleur dans le lait, puis enrobez-les de mélange de chapelure.
4. Disposez-les dans la friteuse à air et vaporisez d'huile d'olive.
5. Cuisez 15-20 min jusqu'à tendreté et dorure.
6. Pendant la cuisson, préparez la sauce en faisant fondre le beurre, en ajoutant l'ail haché, puis le parmesan.
7. Servez les ailes de chou-fleur chaudes avec la sauce à l'ail et au parmesan. Saupoudrez de persil frais.

Samoussas aux Poireaux et aux Champignons à la Friteuse à Air

Préparation : 20 min | Cuisson : 10 min | Portions : 4

Ingrédients :

- 8 feuilles de pâte à samoussas
- 2 poireaux, émincés
- 200 g de champignons, hachés
- 1 oignon, haché
- 2 c. à soupe d'huile d'olive
- 1 c. à café de curcuma en poudre
- 1 c. à café de cumin en poudre
- 1/2 c. à café de coriandre en poudre
- Sel et poivre, au goût
- Huile en spray pour la friteuse à air

Instructions :

1. Faites revenir l'oignon dans l'huile d'olive jusqu'à ce qu'il soit translucide.
2. Ajoutez les poireaux et les champignons, faites-les sauter jusqu'à ramollissement.
3. Assaisonnez avec curcuma, cumin, coriandre, sel et poivre. Laissez cuire quelques minutes et laissez refroidir.
4. Préchauffez la friteuse à air à 180°C.
5. Placez une cuillère à soupe du mélange poireaux-champignons sur une feuille de pâte à samoussas. Pliez en triangle et scellez avec de l'eau.
6. Répétez l'opération pour les autres feuilles et le mélange.
7. Vaporisez légèrement d'huile en spray.
8. Cuisez 10 min jusqu'à dorure.
9. Servez chaud avec une sauce au choix.

Tofu aux Amandes Grillées

Préparation : 15 min | Cuisson : 15 min | Portions : 4

Ingrédients :

- 400 g de tofu ferme, coupé en cubes
- 60 g d'amandes effilées
- 2 c. à soupe d'huile d'olive
- 2 c. à soupe de sauce soja
- 1 c. à soupe de sirop d'érable
- 1 c. à café de paprika
- 1/2 c. à café de sel
- 1/4 c. à café de poivre
- 2 gousses d'ail, hachées finement
- 1 c. à soupe de persil frais, haché (facultatif)

Instructions :

1. Mélangez l'huile d'olive, la sauce soja, le sirop d'érable, le paprika, le sel, le poivre et l'ail pour la marinade.
2. Faites mariner les cubes de tofu dans cette préparation pendant au moins 15 minutes.
3. Préchauffez la friteuse à air à 200°C.
4. Faites griller les amandes effilées dans la friteuse à air pendant 2-3 minutes jusqu'à ce qu'elles soient dorées.
5. Placez les cubes de tofu sur la grille de la friteuse à air et faites-les griller à 200°C pendant 10-12 minutes, en les retournant à mi-cuisson.
6. Saupoudrez le tofu grillé de amandes grillées et de persil frais (si désiré).
7. Servez chaud en plat principal ou en accompagnement.

Chapitre 8 :

Recettes de Légumes et Garnitures à la Friteuse à Air

Artichauts Grillés à la Friteuse à Air

Préparation : 10 min | Cuisson : 15-20 min | Portions : 4

Ingrédients :

- 4 artichauts frais
- Jus de 2 citrons
- 30 ml d'huile d'olive
- 3 gousses d'ail émincées
- Sel et poivre, au goût
- 5 ml de paprika (facultatif)
- Sauce aïoli ou au beurre à l'ail pour tremper (facultatif)

Instructions :

1. Préchauffez la friteuse à air à 190°C.
2. Préparez et nettoyez les artichauts.
3. Badigeonnez-les d'un mélange d'huile d'olive, d'ail, de sel, de poivre et de paprika.
4. Cuisez les artichauts dans la friteuse à air pendant 15-20 min jusqu'à ce qu'ils soient tendres et croustillants.
5. Servez chaud, avec une sauce pour tremper si désiré.

Asperges Croustillantes à la Friteuse à Air

Préparation : 15 min | Cuisson : 10 min | Portions : 4

Ingrédients :

- 1 bouquet d'asperges fraîches
- 1 œuf
- 50 g de chapelure
- 25 g de parmesan râpé
- 2,5 ml de sel
- 2,5 ml de poivre
- 2,5 ml de paprika (optionnel)
- Spray d'huile d'olive

Instructions :

1. Préchauffez la friteuse à air à 200°C.
2. Lavez et préparez les asperges.
3. Enrobez-les d'œuf et de mélange de chapelure.
4. Cuisez 8-10 min jusqu'à ce qu'elles soient croustillantes.
5. Servez avec votre sauce préférée.

Aubergines Grillées à la Friteuse à Air

Préparation : 10 min | Cuisson : 15 min | Portions : 4

Ingrédients :

- 2 aubergines
- 2 cuillères à soupe d'huile d'olive
- Sel, poivre, et paprika (optionnel)
- 2 gousses d'ail, hachées finement
- 1 cuillère à soupe de persil frais haché

Instructions :

1. Préchauffez la friteuse à air à 200°C.
2. Tranchez les aubergines.
3. Mélangez l'huile, les assaisonnements, et l'ail.
4. Badigeonnez les aubergines.
5. Cuisez 12-15 min en retournant à mi-cuisson.
6. Servez avec du persil.

Aubergines Parmesan à la Friteuse à Air

Préparation : 15 min | Cuisson : 12 min | Portions : 4

Ingrédients :

- 2 aubergines
- (100 g) de chapelure
- (50 g) de parmesan râpé
- 1 cuillère à café de sel
- 1/2 cuillère à café de poivre
- 1/2 cuillère à café d'ail en poudre
- 2 œufs
- (60 ml) de sauce tomate
- (100 g) de fromage mozzarella râpé
- Basilic frais pour garnir

Instructions :

1. Préchauffez la friteuse à air à 200°C.
2. Coupez les aubergines en tranches.
3. Enrobez d'œufs et de mélange de chapelure et de parmesan.
4. Cuisez jusqu'à doré.
5. Ajoutez sauce tomate et fromage, cuisez encore pour fondre.
6. Garnissez de basilic frais.

Beignets d'Oignon à la Friteuse à Air

Préparation : 15 min | Cuisson : 10 min | Portions : 4

Ingrédients :

- 2 gros oignons
- 1 tasse (125 g) de farine
- 1 cuillère à café de poudre à lever
- 1/2 cuillère à café de sel
- 1/2 cuillère à café de poivre
- 1 cuillère à café de paprika (optionnel)
- 2/3 de tasse (160 ml) de lait
- 2 œufs
- Spray d'huile d'olive

Instructions :

1. Préchauffez la friteuse à air à 190°C.
2. Coupez les oignons en rondelles et séparez les anneaux.
3. Mélangez les ingrédients secs.
4. Battez les œufs avec le lait et ajoutez-les aux ingrédients secs.
5. Enrobez les anneaux d'oignon dans la pâte à beignets.
6. Cuisez 8-10 min dans la friteuse à air.
7. Servez avec votre sauce préférée.

Brochettes de Légumes à la Friteuse à Air

Préparation : 15 min | Cuisson : 10 min | Portions : 4

Ingrédients :

- 2 courgettes
- 2 poivrons (de différentes couleurs si possible)
- 1 oignon rouge
- 8 champignons
- 2 cuillères à soupe d'huile d'olive
- Sel, poivre, ail en poudre, origan (optionnel)

Instructions :

1. Préchauffez la friteuse à air à 200°C.
2. Coupez les légumes en morceaux.
3. Mélangez-les avec l'huile et les assaisonnements.
4. Enfilez-les sur des brochettes.
5. Cuisez 8-10 min dans la friteuse à air.
6. Servez avec une sauce dip.

Brocolis Rôtis à la Friteuse à Air

Préparation : 10 min | Cuisson : 12 min | Portions : 4

Ingrédients :

- 500 g de brocolis
- 2 cuillères à soupe d'huile d'olive
- Sel, poivre, ail en poudre
- Parmesan râpé (optionnel)
- Jus de citron (optionnel)

Instructions :

1. Préchauffez la friteuse à air à 200°C.
2. Mélangez les brocolis avec l'huile et les assaisonnements.
3. Cuisez 10-12 min dans la friteuse à air.
4. Ajoutez du parmesan et du jus de citron avant de servir.

Carottes Glacées au Miel à la Friteuse à Air

Préparation : 10 min | Cuisson : 15 min | Portions : 4

Ingrédients :

- 500 g de carottes, pelées et coupées en bâtonnets
- 2 cuillères à soupe de miel
- 2 cuillères à soupe d'huile d'olive
- Sel, poivre, paprika (optionnel)
- Persil frais haché (pour garnir)

Instructions :

1. Préchauffez la friteuse à air à 200°C.
2. Mélangez les carottes avec le miel, l'huile, les assaisonnements.
3. Cuisez 12-15 min dans la friteuse à air.
4. Garnissez de persil avant de servir.

Céleri-Rave Frit à la Friteuse à Air

Préparation : 10 min | Cuisson : 15 min | Portions : 4

Ingrédients :

- 1 céleri-rave, pelé et coupé en bâtonnets
- 2 cuillères à soupe d'huile d'olive
- Sel, poivre, paprika (optionnel)
- Persil frais haché (pour garnir)

Instructions :

1. Préchauffez la friteuse à air à 200°C.
2. Mélangez le céleri-rave avec l'huile et les assaisonnements.
3. Cuisez 12-15 min dans la friteuse à air.
4. Garnissez de persil avant de servir.

Champignons aux Herbes à la Friteuse à Air

Préparation : 10 min | Cuisson : 12 min | Portions : 4

Ingrédients :

- 500 g de champignons
- 2 cuillères à soupe d'huile d'olive
- Ail, persil, thym
- Sel et poivre
- Jus de citron (optionnel)

Instructions :

1. Préchauffez la friteuse à air à 180°C.
2. Mélangez champignons, huile, assaisonnements.
3. Cuisez 10-12 min dans la friteuse à air.
4. Garnissez de jus de citron et persil.

Champignons Portobello Grillés à la Friteuse à Air

Préparation : 10 min | Cuisson : 12 min | Portions : 4

Ingrédients :

- 4 champignons Portobello
- Huile d'olive, ail, persil, thym, sel, poivre
- Jus de citron (optionnel)

Instructions :

1. Préchauffez la friteuse à air à 200°C.
2. Mélangez les champignons avec l'huile d'olive, l'ail, le persil, le thym, le sel et le poivre.
3. Cuisez 10-12 min dans la friteuse à air.
4. Garnissez de jus de citron (si désiré).

Chou-Fleur Épicé à la Friteuse à Air

Préparation : 10 min | Cuisson : 15 min | Portions : 4

Ingrédients :

- 1 tête de chou-fleur, en bouquets
- Huile d'olive, paprika, poudre de chili, sel, poivre, ail, persil

Instructions :

1. Préchauffez la friteuse à air à 200°C.
2. Mélangez le chou-fleur avec les assaisonnements.
3. Cuisez 12-15 min dans la friteuse à air.
4. Garnissez de persil.

Choux de Bruxelles Caramélisés à la Friteuse à Air

Préparation : 10 min | Cuisson : 15 min | Portions : 4

Ingrédients :

- 500 g de choux de Bruxelles, en moitiés
- Huile d'olive, sirop d'érable, sel, poivre, paprika (optionnel), persil

Instructions :

1. Préchauffez la friteuse à air à 200°C.
2. Mélangez les choux de Bruxelles avec les assaisonnements.
3. Cuisez 12-15 min dans la friteuse à air.
4. Garnissez de persil.

Courgettes Grillées à la Friteuse à Air

Préparation : 10 min | Cuisson : 10 min | Portions : 4

Ingrédients :

- 4 courgettes, rondelles
- Huile d'olive, sel, poivre, ail en poudre, origan (optionnel), parmesan

Instructions :

1. Préchauffez la friteuse à air à 200°C.
2. Mélangez les courgettes avec les assaisonnements.
3. Cuisez 8-10 min dans la friteuse à air.
4. Garnissez de parmesan.

Courge Butternut Rôtie à la Friteuse à Air

Préparation : 10 min | Cuisson : 20 min | Portions : 4

Ingrédients :

- 1 courge butternut, en cubes
- Huile d'olive, sel, poivre, paprika (optionnel), romarin

Instructions :

1. Préchauffez la friteuse à air à 200°C.
2. Mélangez la courge avec les assaisonnements.
3. Cuisez 18-20 min dans la friteuse à air.
4. Garnissez de romarin.

Haricots Verts Amandine à la Friteuse à Air

Préparation : 10 min | Cuisson : 10 min | Portions : 4

Ingrédients :

- 500 g de haricots verts
- Amandes effilées, huile d'olive, sel, poivre, jus de citron (optionnel)

Instructions :

1. Préchauffez la friteuse à air à 180°C.
2. Mélangez les haricots verts avec l'huile, le sel, et le poivre.
3. Cuisez 8-10 min dans la friteuse à air.
4. Ajoutez les amandes pour les griller légèrement.
5. Servez, arrosé de jus de citron si désiré.

Haricots Verts Parmesan à la Friteuse à Air

Préparation : 10 min | Cuisson : 10 min | Portions : 4

Ingrédients :

- 500 g de haricots verts
- Huile d'olive, parmesan râpé, sel, poivre, ail en poudre (optionnel), jus de citron (optionnel)

Instructions :

1. Préchauffez la friteuse à air à 180°C.
2. Mélangez les haricots verts avec l'huile d'olive, le parmesan, le sel, le poivre, et l'ail en poudre (si désiré).
3. Cuisez 8-10 min dans la friteuse à air.
4. Garnissez de jus de citron si vous le souhaitez.

Légumes à la Provençale à la Friteuse à Air

Préparation : 10 min | Cuisson : 15 min | Portions : 4

Ingrédients :

- 2 courgettes, rondelles
- 2 poivrons (rouge et vert), lanières
- 1 oignon, émincé
- 2 gousses d'ail, hachées
- Huile d'olive, sel, poivre, herbes de Provence
- 1 boîte de tomates concassées (400 g)
- Basilic frais haché, fromage râpé (optionnel)

Instructions :

1. Préchauffez la friteuse à air à 180°C.
2. Mélangez les légumes, l'huile, les assaisonnements.
3. Cuisez 12-15 min dans la friteuse à air.
4. Ajoutez les tomates et réchauffez 2-3 min.
5. Servez, garni de basilic et de fromage (si désiré).

Panais Croustillants à la Friteuse à Air

Préparation : 10 min | Cuisson : 20 min | Portions : 4

Ingrédients :

- 4-6 panais, bâtonnets
- Huile d'olive, sel, poivre, paprika (optionnel), persil

Instructions :

1. Préchauffez la friteuse à air à 200°C.
2. Mélangez les panais avec l'huile, le sel, le poivre, et le paprika (si désiré).
3. Cuisez 18-20 min dans la friteuse à air.
4. Garnissez de persil.

Patates Douces Frites à la Friteuse à Air

Préparation : 10 min | Cuisson : 20 min | Portions : 4

Ingrédients :

- 2-3 patates douces, bâtonnets
- Huile d'olive, sel, poivre, paprika (optionnel), persil

Instructions :

1. Préchauffez la friteuse à air à 200°C.
2. Mélangez les patates douces avec l'huile, le sel, le poivre, et le paprika (si désiré).
3. Cuisez 18-20 min dans la friteuse à air.
4. Garnissez de persil.

Pommes de Terre au Romarin à la Friteuse à Air

Préparation : 10 min | Cuisson : 20 min | Portions : 4

Ingrédients :

- 4 pommes de terre, quartiers
- Huile d'olive, sel, poivre, romarin, ail (optionnel), zeste de citron (optionnel)

Instructions :

1. Préchauffez la friteuse à air à 200°C.
2. Mélangez les pommes de terre avec l'huile, les assaisonnements, et l'ail (si désiré).
3. Cuisez 18-20 min dans la friteuse à air.
4. Garnissez de zeste de citron si vous le souhaitez.

Pommes de Terre Ranch à la Friteuse à Air

Préparation : 10 min | Cuisson : 20 min | Portions : 4

Ingrédients :

- 4 pommes de terre, quartiers
- Huile d'olive, assaisonnement ranch, sel, poivre, ciboulette fraîche, fromage râpé (optionnel)

Instructions :

1. Préchauffez la friteuse à air à 200°C.
2. Mélangez les pommes de terre avec l'huile, l'assaisonnement ranch, le sel, et le poivre.
3. Cuisez 18-20 min dans la friteuse à air.
4. Garnissez de ciboulette et de fromage (si désiré).

Potiron Rôti à la Friteuse à Air

Préparation : 10 min | Cuisson : 15 min | Portions : 4

Ingrédients :

- 500 g de potiron, cubes
- Huile d'olive, sel, poivre, romarin, parmesan râpé

Instructions :

1. Préchauffez la friteuse à air à 200°C.
2. Mélangez les cubes de potiron avec l'huile, le sel, le poivre, et le romarin.
3. Cuisez 12-15 min dans la friteuse à air.
4. Garnissez de parmesan râpé.

Ratatouille Légère à la Friteuse à Air

Préparation : 15 min | Cuisson : 15 min | Portions : 4

Ingrédients :

- Courgettes, aubergine, poivrons rouges et verts, oignon, ail, huile d'olive, sel, poivre, herbes de Provence, tomates concassées, basilic, fromage râpé (optionnel)

Instructions :

1. Préchauffez la friteuse à air à 200°C.
2. Mélangez tous les légumes avec l'huile, les assaisonnements.
3. Cuisez 12-15 min dans la friteuse à air.
4. Ajoutez les tomates et réchauffez 2-3 min.
5. Servez garni de basilic et de fromage (si désiré).

Chapitre 9 :

Riz avec une Friteuse à Air

Riz au Haricots Rouges à la Friteuse à Air

Préparation : 5 minutes | Cuisson : 15 minutes | Portions : 4

Ingrédients :

- 200 g de riz
- 200 g de haricots rouges cuits
- 500 ml d'eau
- 1 cuillère à café de sel
- 1 cuillère à café de cumin en poudre
- 1/2 cuillère à café de paprika doux
- 1/2 cuillère à café d'ail en poudre
- 1/2 cuillère à café d'oignon en poudre
- 15 ml d'huile d'olive

Instructions :

1. Rincez le riz à l'eau froide jusqu'à ce que l'eau soit claire.
2. Dans un grand bol, mélangez le riz, les haricots rouges cuits, l'eau, le sel, le cumin en poudre, le paprika doux, l'ail en poudre, l'oignon en poudre et l'huile d'olive.
3. Transférez le mélange dans le panier de la friteuse à air.
4. Préchauffez la friteuse à air à 180°C.
5. Cuisez le riz et les haricots rouges dans la friteuse à air pendant environ 15 minutes, en remuant de temps en temps, jusqu'à ce que le riz soit cuit et les haricots soient bien chauds.
6. Servez le riz au haricots rouges chaud en accompagnement de plats mexicains ou de vos plats préférés.

Riz aux Légumes Méditerranéens à la Friteuse à Air

Préparation : 10 min | Cuisson : 20 min | Portions : 4

Ingrédients :

- 200 g de riz
- 400 ml d'eau
- 1 aubergine, courgette, poivron rouge
- 1 oignon, 2 gousses d'ail
- 2 cuillères à soupe d'huile d'olive
- 1 cuillère à café d'origan séché et de basilic séché
- Sel et poivre, au goût
- Fromage feta (facultatif)

Instructions :

1. Mélangez légumes, riz, huile, épices, sel et poivre.
2. Transférez dans la friteuse à air.
3. Préchauffez à 180°C et ajoutez l'eau.
4. Cuisez 20 min en remuant. Servez chaud, avec du fromage feta si désiré.

Riz à la Saucisse et au Poivron à la Friteuse à Air

Préparation : 10 min | Cuisson : 20 min | Portions : 4

Ingrédients :

- 200 g de riz
- 400 ml d'eau
- 4 saucisses, poivron rouge, oignon, ail
- 2 cuillères à soupe d'huile d'olive
- 1 cuillère à café de paprika
- Sel et poivre, au goût
- Persil frais (facultatif)

Instructions :

1. Mélangez saucisses, poivron, oignon, ail, huile, paprika, sel et poivre.
2. Ajoutez le riz et mélangez.
3. Transférez dans la friteuse à air.
4. Préchauffez à 180°C et ajoutez l'eau.
5. Cuisez 20 min en remuant. Servez chaud, avec du persil frais si désiré.

Riz au Curry Rouge à la Friteuse à Air

Préparation : 10 min | Cuisson : 20 min | Portions : 4

Ingrédients :

- 200 g de riz
- 400 ml de lait de coco
- 2 cuillères à soupe de pâte de curry rouge
- 1 poitrine de poulet (facultatif)
- 1 oignon, poivron rouge, carottes, ail
- 2 cuillères à soupe d'huile d'olive
- Sel et poivre
- Coriandre fraîche (facultatif)

Instructions :

1. Mélangez le lait de coco et la pâte de curry rouge dans un bol.
2. Ajoutez le riz, le poulet (si désiré), l'oignon, le poivron rouge, les carottes, l'ail, l'huile d'olive, le sel et le poivre. Mélangez.
3. Transférez dans la friteuse à air.
4. Préchauffez à 180°C.
5. Cuisez 20 min en remuant.
6. Servez chaud, avec de la coriandre fraîche si désiré.

Riz aux Champignons et au Parmesan à la Friteuse à Air

Préparation : 10 min | Cuisson : 20 min | Portions : 4

Ingrédients :

- 200 g de riz
- 400 ml de bouillon de légumes
- 200 g de champignons, oignon, ail
- 2 cuillères à soupe d'huile d'olive
- 50 g de parmesan râpé
- Sel et poivre
- Persil frais (facultatif)

Instructions :

1. Mélangez le riz, les champignons, l'oignon, l'ail, l'huile, le sel et le poivre.
2. Transférez dans la friteuse à air.
3. Versez le bouillon.
4. Préchauffez à 180°C.
5. Cuisez 20 min en remuant.
6. Avant de servir, saupoudrez de parmesan et garnissez de persil si désiré.

Riz aux Pois Chiches à la Friteuse à Air

Préparation : 10 min | Cuisson : 20 min | Portions : 4

Ingrédients :

- 200 g de riz
- 400 ml de bouillon de légumes
- 200 g de pois chiches cuits
- 1 oignon, ail, huile d'olive
- 1 cuillère à café de cumin en poudre, 1/2 cuillère à café de paprika doux
- Sel et poivre
- Coriandre fraîche (facultatif)

Instructions :

1. Mélangez le riz, les pois chiches, l'oignon, l'ail, les épices, le sel et le poivre.
2. Transférez dans la friteuse à air.
3. Versez le bouillon de légumes.
4. Préchauffez à 180°C.
5. Cuisez 20 min en remuant.
6. Servez, garni de coriandre si désiré.

Riz à la Mexicaine à la Friteuse à Air

Préparation : 10 min | Cuisson : 20 min | Portions : 4

Ingrédients :

- 200 g de riz
- 400 ml de bouillon de poulet
- 1 poivron rouge, oignon, ail
- 2 cuillères à soupe d'huile d'olive
- Épices : cumin en poudre, paprika doux, sel et poivre
- 200 g de maïs en grains (égoutté)
- 200 g de haricots noirs cuits
- Coriandre fraîche (facultatif)

Instructions :

1. Mélangez le riz, les légumes, les épices, le bouillon.
2. Transférez dans la friteuse à air.
3. Préchauffez à 180°C.
4. Cuisez 20 min en remuant.
5. Ajoutez le maïs et les haricots, cuisez 5 min de plus.
6. Servez, garni de coriandre si désiré.

Riz à la Coriandre et à la Lime à la Friteuse à Air

Préparation : 10 min | Cuisson : 20 min | Portions : 4

Ingrédients :

- 200 g de riz
- 400 ml d'eau
- Zeste et jus de 2 limes
- Coriandre fraîche, ail, huile d'olive
- Sel et poivre

Instructions :

1. Mélangez le riz, le zeste de lime, la moitié du jus de lime, la moitié de la coriandre, l'ail, l'huile, le sel et le poivre.
2. Transférez dans la friteuse à air.
3. Versez l'eau.
4. Préchauffez à 180°C.
5. Cuisez 20 min en remuant.
6. Avant de servir, arrosez du reste du jus de lime et saupoudrez de coriandre fraîche.

Riz au Piment Doux à la Friteuse à Air

Préparation : 10 min | Cuisson : 20 min | Portions : 4

Ingrédients :

- 200 g de riz
- 400 ml d'eau
- Poivron doux, oignon, ail, huile d'olive
- Épices : piment doux en poudre, sel et poivre
- Persil frais (facultatif)

Instructions :

1. Mélangez le riz, les légumes, les épices, l'eau.
2. Transférez dans la friteuse à air.
3. Préchauffez à 180°C.
4. Cuisez 20 min en remuant.
5. Servez, garni de persil si désiré.

Riz aux Crevettes et aux Petits Pois à la Friteuse à Air

Préparation : 10 min | Cuisson : 20 min | Portions : 4

Ingrédients :

- 200 g de riz
- 400 ml de bouillon de crevettes
- Crevettes, petits pois, oignon, ail, huile d'olive
- Sel et poivre
- Citron (facultatif)

Instructions :

1. Mélangez le riz, les crevettes, les petits pois, les légumes, les épices, le bouillon.
2. Transférez dans la friteuse à air.
3. Préchauffez à 180°C.
4. Cuisez 20 min en remuant.
5. Servez, arrosé de jus de citron si désiré.

Riz à la Mangue et aux Noix de Cajou à la Friteuse à Air

Préparation : 10 min | Cuisson : 20 min | Portions : 4

Ingrédients :

- 200 g de riz
- 400 ml d'eau
- Mangue, noix de cajou, oignon, ail, huile d'olive
- Sel et poivre
- Coriandre fraîche (facultatif)

Instructions :

1. Mélangez le riz, la mangue, les noix de cajou, les légumes, l'huile, le sel et le poivre.
2. Transférez dans la friteuse à air.
3. Préchauffez à 180°C.
4. Cuisez 20 min en remuant.
5. Servez, garni de coriandre si désiré.

Riz à l'Ail et au Paprika à la Friteuse à Air

Préparation : 10 min | Cuisson : 20 min | Portions : 4

Ingrédients :

- 200 g de riz
- 400 ml d'eau
- Ail, huile d'olive, paprika
- Sel et poivre
- Persil frais (facultatif)

Instructions :

1. Mélangez le riz, l'ail, l'huile, le paprika, le sel et le poivre.
2. Transférez dans la friteuse à air.
3. Préchauffez à 180°C.
4. Cuisez 20 min en remuant.
5. Servez, garni de persil si désiré.

Riz aux Épinards et aux Fèves à la Friteuse à Air

Préparation : 10 min | Cuisson : 20 min | Portions : 4

Ingrédients :

- 200 g de riz
- 400 ml d'eau
- Épinards, fèves, oignon, ail, huile d'olive
- Sel et poivre
- Citron (facultatif)

Instructions :

1. Mélangez le riz, les légumes, l'huile, le sel et le poivre.
2. Transférez dans la friteuse à air.
3. Préchauffez à 180°C.
4. Cuisez 20 min en remuant.
5. Servez, arrosé de jus de citron si désiré.

Riz à la Citrouille à la Friteuse à Air

Préparation : 10 min | Cuisson : 20 min | Portions : 4

Ingrédients :

- 200 g de riz
- 400 ml d'eau
- Citrouille, oignon, ail, huile d'olive
- Sel et poivre
- Ciboulette fraîche (facultatif)

Instructions :

1. Mélangez le riz, les légumes, l'huile, le sel et le poivre.
2. Transférez dans la friteuse à air.
3. Préchauffez à 180°C.
4. Cuisez 20 min en remuant.
5. Servez, garni de ciboulette si désiré.

Riz au Chorizo à la Friteuse à Air

Préparation : 10 min | Cuisson : 20 min | Portions : 4

Ingrédients :

- 200 g de riz
- 400 ml d'eau
- Chorizo, oignon, ail, huile d'olive
- Paprika, sel et poivre
- Persil frais (facultatif)

Instructions :

1. Mélangez le riz, le chorizo, les légumes, l'huile, les épices, l'eau.
2. Transférez dans la friteuse à air.
3. Préchauffez à 180°C.
4. Cuisez 20 min en remuant.
5. Servez, garni de persil si désiré.

Riz à la Noix de Coco à la Friteuse à Air

Préparation : 10 min | Cuisson : 20 min | Portions : 4

Ingrédients :

- 200 g de riz
- 400 ml de lait de coco
- Oignon, ail, huile d'olive
- Sel et poivre
- Coriandre fraîche (facultatif)

Instructions :

1. Mélangez le riz, le lait de coco, les légumes, l'huile, le sel et le poivre.
2. Transférez dans la friteuse à air.
3. Préchauffez à 180°C.
4. Cuisez 20 min en remuant.
5. Servez, garni de coriandre si désiré.

Riz à la Tomate et aux Poivrons à la Friteuse à Air

Préparation : 10 min | Cuisson : 20 min | Portions : 4

Ingrédients :

- 200 g de riz
- 400 ml de purée de tomates
- Poivron, oignon, ail, huile d'olive
- Sel et poivre
- Basilic frais (facultatif)

Instructions :

1. Mélangez le riz, les légumes, l'huile, le sel et le poivre.
2. Transférez dans la friteuse à air.
3. Préchauffez à 180°C.
4. Cuisez 20 min en remuant.
5. Servez, garni de basilic si désiré.

Riz à l'Ananas et aux Crevettes à la Friteuse à Air

Préparation : 10 min | Cuisson : 20 min | Portions : 4

Ingrédients :

200 g de riz
400 ml d'eau
Crevettes, ananas, oignon, ail, huile d'olive

Sel et poivre
Coriandre fraîche (facultatif)

Instructions :

1. Mélangez le riz, les crevettes, l'ananas, les légumes, l'huile, le sel et le poivre.
2. Transférez dans la friteuse à air.
3. Préchauffez à 180°C.
4. Cuisez 20 min en remuant.
5. Servez, garni de coriandre si désiré.

Riz au Cumin et aux Pois Chiches à la Friteuse à Air

Préparation : 10 min | Cuisson : 20 min | Portions : 4

Ingrédients :

- 200 g de riz
- 400 ml d'eau
- Pois chiches, oignon, ail, huile d'olive
- Cumin, sel et poivre
- Coriandre fraîche (facultatif)

Instructions :

1. Mélangez le riz, les pois chiches, les légumes, l'huile, les épices, l'eau.
2. Transférez dans la friteuse à air.
3. Préchauffez à 180°C.
4. Cuisez 20 min en remuant.
5. Servez, garni de coriandre si désiré.

Riz à la Courgette et aux Lardons à la Friteuse à Air

Préparation : 10 min | Cuisson : 20 min | Portions : 4

Ingrédients :

- 200 g de riz
- 400 ml d'eau
- Lardons, courgette, oignon, ail, huile d'olive
- Sel et poivre
- Persil frais (facultatif)

Instructions :

1. Mélangez le riz, les lardons, les légumes, l'huile, le sel et le poivre.
2. Transférez dans la friteuse à air.
3. Préchauffez à 180°C.
4. Cuisez 20 min en remuant.
5. Servez, garni de persil si désiré.

Riz à la Crème d'Avocat à la Friteuse à Air

Préparation : 10 minutes | Cuisson : 20 minutes | Portions : 4

Ingrédients :

- 200 g de riz
- 400 ml d'eau
- 2 avocats, pelés et dénoyautés
- 2 cuillères à soupe de jus de citron
- 1 oignon, émincé
- 2 gousses d'ail, hachées
- 2 cuillères à soupe d'huile d'olive
- Sel et poivre, au goût
- Coriandre fraîche, pour garnir (facultatif)

Instructions :

1. Dans un blender, mélangez les avocats, le jus de citron, l'oignon, l'ail, l'huile d'olive, le sel et le poivre jusqu'à obtenir une crème lisse.
2. Dans un grand bol, mélangez le riz et la crème d'avocat.
3. Transférez le mélange dans le panier de la friteuse à air.
4. Versez l'eau sur le mélange de riz.
5. Préchauffez la friteuse à air à 180°C.
6. Cuisez le riz à la crème d'avocat dans la friteuse à air pendant environ 20 minutes, en remuant de temps en temps, jusqu'à ce que le riz soit cuit et que la crème d'avocat soit bien incorporée.
7. Avant de servir, garnissez de coriandre fraîche si vous le souhaitez.

Riz aux Saucisses et au Brocoli à la Friteuse à Air

Préparation : 10 minutes | Cuisson : 20 minutes | Portions : 4

Ingrédients :

- 200 g de riz
- 400 ml d'eau
- 4 saucisses, coupées en rondelles
- 1 tête de brocoli, coupée en petits bouquets
- 1 oignon, émincé
- 2 gousses d'ail, hachées
- 2 cuillères à soupe d'huile d'olive
- Sel et poivre, au goût
- Persil frais, pour garnir (facultatif)

Instructions :

1. Dans un grand bol, mélangez le riz, les rondelles de saucisses, les bouquets de brocoli, l'oignon, l'ail, l'huile d'olive, le sel et le poivre.
2. Transférez le mélange dans le panier de la friteuse à air.
3. Versez l'eau sur le mélange de riz.
4. Préchauffez la friteuse à air à 180°C.
5. Cuisez le riz aux saucisses et au brocoli dans la friteuse à air pendant environ 20 minutes, en remuant de temps en temps, jusqu'à ce que le riz soit cuit et que les saucisses soient bien dorées.
6. Avant de servir, garnissez de persil frais si vous le souhaitez.

Riz au Saumon et aux Poireaux à la Friteuse à Air

Préparation : 10 min | Cuisson : 20 min | Portions : 4

Ingrédients :

- 200 g de riz
- 400 ml d'eau
- Saumon, poireaux, oignon, ail, huile d'olive
- Sel et poivre
- Aneth frais (facultatif)

Instructions :

1. Mélangez le riz, le saumon, les légumes, l'huile, le sel et le poivre.
2. Transférez dans la friteuse à air.
3. Préchauffez à 180°C.
4. Cuisez 20 min en remuant.
5. Servez, garni d'aneth si désiré.

Riz à la Mangue et au Poulet à la Friteuse à Air

Préparation : 10 min | Cuisson : 20 min | Portions : 4

Ingrédients :

- 200 g de riz
- 400 ml d'eau
- Poulet, mangue, oignon, ail, huile d'olive
- Sel et poivre
- Coriandre fraîche (facultatif)

Instructions :

1. Mélangez le riz, le poulet, les fruits, les légumes, l'huile, le sel et le poivre.
2. Transférez dans la friteuse à air.
3. Préchauffez à 180°C.
4. Cuisez 20 min en remuant.
5. Servez, garni de coriandre si désiré.

Riz aux Épinards et aux Champignons à la Friteuse à Air

Préparation : 10 min | Cuisson : 20 min | Portions : 4

Ingrédients :

- 200 g de riz
- 400 ml d'eau
- Champignons, épinards, oignon, ail, huile d'olive
- Sel et poivre
- Parmesan râpé (facultatif)

Instructions :

1. Mélangez le riz, les légumes, l'huile, le sel et le poivre.
2. Transférez dans la friteuse à air.
3. Préchauffez à 180°C.
4. Cuisez 20 min en remuant.
5. Servez, garni de parmesan si désiré.

Riz à la Tandoori à la Friteuse à Air

Préparation : 10 min | Cuisson : 20 min | Portions : 4

Ingrédients :

- 200 g de riz
- 400 ml d'eau
- Épices tandoori, oignon, ail, huile d'olive
- Sel et poivre
- Yaourt nature (facultatif)
- Coriandre fraîche (facultatif)

Instructions :

1. Mélangez le riz, les épices, les légumes, l'huile, le sel et le poivre.
2. Transférez dans la friteuse à air.
3. Préchauffez à 180°C.
4. Cuisez 20 min en remuant.
5. Servez, garni de yaourt et de coriandre si désiré.

Riz à la Tomate et au Chorizo à la Friteuse à Air

Préparation : 10 min | Cuisson : 20 min | Portions : 4

Ingrédients :

- 200 g de riz
- 400 ml d'eau
- Chorizo, oignon, ail, tomates en conserve, huile d'olive
- Sel et poivre
- Persil frais (facultatif)

Instructions :

1. Mélangez le riz, le chorizo, les légumes, l'huile, le sel et le poivre.
2. Transférez dans la friteuse à air.
3. Préchauffez à 180°C.
4. Cuisez 20 min en remuant.
5. Servez, garni de persil si désiré.

Riz à la Lime et aux Poivrons à la Friteuse à Air

Préparation : 10 min | Cuisson : 20 min | Portions : 4

Ingrédients :

- 200 g de riz
- 400 ml d'eau
- Poivrons, limes, oignon, ail, huile d'olive
- Sel et poivre
- Coriandre fraîche (facultatif)

Instructions :

1. Mélangez le riz, les légumes, l'huile, le zeste et le jus des limes, le sel et le poivre.
2. Transférez dans la friteuse à air.
3. Préchauffez à 180°C.
4. Cuisez 20 min en remuant.
5. Servez, garni de coriandre si désiré.

Riz à la Cajun à la Friteuse à Air

Préparation : 10 min | Cuisson : 20 min | Portions : 4

Ingrédients :

- 200 g de riz
- 400 ml d'eau
- Assaisonnement cajun, oignon, ail, huile d'olive
- Sel et poivre
- Persil frais (facultatif)

Instructions :

1. Mélangez le riz, les assaisonnements, les légumes, l'huile, le sel et le poivre.
2. Transférez dans la friteuse à air.
3. Préchauffez à 180°C.
4. Cuisez 20 min en remuant.
5. Servez, garni de persil si désiré

Riz au Citron et aux Petits Pois à la Friteuse à Air

Préparation : 10 minutes | Cuisson : 20 minutes | Portions : 4

Ingrédients :

- 200 g de riz
- 400 ml d'eau
- Zeste et jus de 2 citrons
- 200 g de petits pois
- 1 oignon, émincé
- 2 gousses d'ail, hachées
- 2 cuillères à soupe d'huile d'olive
- Sel et poivre, au goût
- Persil frais, pour garnir (facultatif)

Instructions :

1. Dans un grand bol, mélangez le riz, les petits pois, le zeste et le jus de citron, l'oignon, l'ail, l'huile d'olive, le sel et le poivre.
2. Transférez le mélange dans le panier de la friteuse à air.
3. Versez l'eau sur le mélange de riz.
4. Préchauffez la friteuse à air à 180°C.
5. Cuisez le riz au citron et aux petits pois dans la friteuse à air pendant environ 20 minutes, en remuant de temps en temps, jusqu'à ce que le riz soit cuit et que les petits pois soient tendres.
6. Avant de servir, garnissez de persil frais si vous le souhaitez.

Riz au Citron et aux Petits Pois à la Friteuse à Air

Préparation : 10 minutes | Cuisson : 20 minutes | Portions : 4

Ingrédients :

- 200 g de riz
- 400 ml d'eau
- Zeste et jus de 2 citrons
- 200 g de petits pois
- 1 oignon, émincé
- 2 gousses d'ail, hachées
- 2 cuillères à soupe d'huile d'olive
- Sel et poivre, au goût
- Persil frais, pour garnir (facultatif)

Instructions :

1. Dans un grand bol, mélangez le riz, les petits pois, le zeste et le jus de citron, l'oignon, l'ail, l'huile d'olive, le sel et le poivre.
2. Transférez le mélange dans le panier de la friteuse à air.
3. Versez l'eau sur le mélange de riz.
4. Préchauffez la friteuse à air à 180°C.
5. Cuisez le riz au citron et aux petits pois dans la friteuse à air pendant environ 20 minutes, en remuant de temps en temps, jusqu'à ce que le riz soit cuit et que les petits pois soient tendres.
6. Avant de servir, garnissez de persil frais si vous le souhaitez.

Riz à l'Ail et aux Crevettes à la Friteuse à Air

Préparation : 15 min | Cuisson : 20 min | Portions : 4

Ingrédients :

- 200 g de riz
- 400 ml d'eau
- Crevettes, ail, huile d'olive
- Sel et poivre
- Persil frais, zeste de citron (facultatif)

Instructions :

1. Mélangez le riz, les crevettes, l'ail, l'huile d'olive, le sel et le poivre.
2. Transférez dans la friteuse à air.
3. Préchauffez à 180°C.
4. Cuisez 20 min en remuant.
5. Servez, garni de persil frais et de zeste de citron si désiré.

Riz à la Courgette et au Curry à la Friteuse à Air

Préparation : 15 min | Cuisson : 20 min | Portions : 4

Ingrédients :

- 200 g de riz
- 400 ml d'eau
- Courgettes, pâte de curry, oignon, ail, huile d'olive
- Sel et poivre
- Coriandre fraîche (facultatif)

Instructions :

1. Mélangez le riz, les courgettes, la pâte de curry, l'oignon, l'ail, l'huile d'olive, le sel et le poivre.
2. Transférez dans la friteuse à air.
3. Préchauffez à 180°C.
4. Cuisez 20 min en remuant.
5. Servez, garni de coriandre fraîche si désiré.

Riz à la Mexicaine à la Friteuse à Air

Préparation : 15 min | Cuisson : 20 min | Portions : 4

Ingrédients :
- 200 g de riz
- 400 ml d'eau
- Poivron rouge, oignon, ail, huile d'olive, épices mexicaines, maïs en grains
- Sel et poivre
- Coriandre fraîche (facultatif)

Instructions :
1. Mélangez le riz, les légumes, les épices, le maïs, l'huile d'olive, le sel et le poivre.
2. Transférez dans la friteuse à air.
3. Préchauffez à 180°C.
4. Cuisez 20 min en remuant.
5. Servez, garni de coriandre fraîche si désiré.

Riz aux Fruits de Mer à la Friteuse à Air

Préparation : 15 min | Cuisson : 20 min | Portions : 4

Ingrédients :
- 200 g de riz
- 400 ml d'eau
- Fruits de mer, poivron rouge, ail, huile d'olive, épices pour fruits de mer
- Sel et poivre
- Persil frais (facultatif)

Instructions :
1. Mélangez le riz, les fruits de mer, les légumes, les épices, l'huile d'olive, le sel et le poivre.
2. Transférez dans la friteuse à air.
3. Préchauffez à 180°C.
4. Cuisez 20 min en remuant.
5. Servez, garni de persil frais si désiré.

Riz aux Champignons à la Crème à la Friteuse à Air

Préparation : 15 minutes | Cuisson : 20 minutes | Portions : 4

Ingrédients :
- 200 g de riz
- 400 ml d'eau
- 250 g de champignons, tranchés
- 1 oignon, émincé
- 2 gousses d'ail, hachées
- 2 cuillères à soupe de crème fraîche
- 2 cuillères à soupe d'huile d'olive
- Sel et poivre, au goût
- Persil frais, pour garnir (facultatif)

Instructions :
1. Dans un grand bol, mélangez le riz, les champignons, l'oignon, l'ail, la crème fraîche, l'huile d'olive, le sel et le poivre.
2. Transférez le mélange dans le panier de la friteuse à air.
3. Versez l'eau sur le mélange de riz.
4. Préchauffez la friteuse à air à 180°C.
5. Cuisez le riz aux champignons à la crème dans la friteuse à air pendant environ 20 minutes, en remuant de temps en temps, jusqu'à ce que le riz soit cuit et les champignons soient tendres.
6. Avant de servir, garnissez de persil frais si vous le souhaitez.

Riz à la Tomate et au Bacon à la Friteuse à Air

Préparation : 15 minutes | Cuisson : 20 minutes | Portions : 4

Ingrédients :

- 200 g de riz
- 400 ml d'eau
- 150 g de bacon, coupé en morceaux
- 1 boîte de tomates concassées (400 g)
- 1 oignon, émincé
- 2 gousses d'ail, hachées
- 2 cuillères à soupe d'huile d'olive
- Sel et poivre, au goût
- Persil frais, pour garnir (facultatif)

Instructions :

1. Dans un grand bol, mélangez le riz, le bacon, les tomates concassées, l'oignon, l'ail, l'huile d'olive, le sel et le poivre.
2. Transférez le mélange dans le panier de la friteuse à air.
3. Versez l'eau sur le mélange de riz.
4. Préchauffez la friteuse à air à 180°C.
5. Cuisez le riz à la tomate et au bacon dans la friteuse à air pendant environ 20 minutes, en remuant de temps en temps, jusqu'à ce que le riz soit cuit et le bacon soit croustillant.
6. Avant de servir, garnissez de persil frais si vous le souhaitez.

Riz au Curry Jaune à la Friteuse à Air

Préparation : 15 min | Cuisson : 20 min | Portions : 4

Ingrédients :

- 200 g de riz
- 400 ml d'eau
- Pâte de curry jaune, poivron rouge, oignon, ail, huile d'olive
- Sel et poivre
- Coriandre fraîche (facultatif)

Instructions :

1. Mélangez le riz, les légumes, la pâte de curry, l'huile d'olive, le sel et le poivre.
2. Transférez dans la friteuse à air.
3. Préchauffez à 180°C.
4. Cuisez 20 min en remuant.
5. Servez, garni de coriandre fraîche si désiré.

Riz à la Coriandre et au Tofu à la Friteuse à Air

Préparation : 15 min | Cuisson : 20 min | Portions : 4

Ingrédients :

- 200 g de riz
- 400 ml d'eau
- Tofu, coriandre fraîche, oignon, ail, huile d'olive
- Sel et poivre
- Zeste de citron (facultatif)

Instructions :

1. Mélangez le riz, le tofu, les légumes, l'huile d'olive, le sel et le poivre.
2. Transférez dans la friteuse à air.
3. Préchauffez à 180°C.
4. Cuisez 20 min en remuant.
5. Servez, garni de zeste de citron si désiré.

Riz à la Lime et aux Haricots Noirs à la Friteuse à Air

Préparation : 15 minutes | Cuisson : 20 minutes | Portions : 4

Ingrédients :

- 200 g de riz
- 400 ml d'eau
- 1 boîte de haricots noirs (400 g), égouttés et rincés
- Zeste et jus de 2 limes
- 1 oignon, émincé
- 2 gousses d'ail, hachées
- 2 cuillères à soupe d'huile d'olive
- Sel et poivre, au goût
- Coriandre fraîche, pour garnir (facultatif)

Instructions :

1. Dans un grand bol, mélangez le riz, les haricots noirs, le zeste et le jus de lime, l'oignon, l'ail, l'huile d'olive, le sel et le poivre.
2. Transférez le mélange dans le panier de la friteuse à air.
3. Versez l'eau sur le mélange de riz.
4. Préchauffez la friteuse à air à 180°C.
5. Cuisez le riz à la lime et aux haricots noirs dans la friteuse à air pendant environ 20 minutes, en remuant de temps en temps, jusqu'à ce que le riz soit cuit et les haricots soient bien chauds.
6. Avant de servir, garnissez de coriandre fraîche si vous le souhaitez.

Riz à la Crème d'Artichaut à la Friteuse à Air

Préparation : 15 min | Cuisson : 20 min | Portions : 4

Ingrédients :

- 200 g de riz
- 400 ml d'eau
- Cœurs d'artichauts, oignon, ail, crème fraîche, huile d'olive
- Sel et poivre
- Basilic frais (facultatif)

Instructions :

1. Mélangez le riz, les légumes, la crème fraîche, l'huile d'olive, le sel et le poivre.
2. Transférez dans la friteuse à air.
3. Préchauffez à 180°C.
4. Cuisez 20 min en remuant.
5. Servez, garni de basilic frais si désiré.

Riz aux Saucisses et aux Poivrons à la Friteuse à Air

Préparation : 15 min | Cuisson : 20 min | Portions : 4

Ingrédients :

- 200 g de riz
- 400 ml d'eau
- Saucisses, poivrons, oignon, ail, huile d'olive
- Sel et poivre
- Persil frais (facultatif)

Instructions :

1. Mélangez le riz, les saucisses, les légumes, l'huile d'olive, le sel et le poivre.
2. Transférez dans la friteuse à air.
3. Préchauffez à 180°C.
4. Cuisez 20 min en remuant. Servez, garni de persil frais si désiré.

Riz aux Épinards et aux Pois Chiches à la Friteuse à Air

Préparation : 15 min | Cuisson : 20 min | Portions : 4

Ingrédients :

- 200 g de riz
- 400 ml d'eau
- Épinards, pois chiches, oignon, ail, huile d'olive
- Sel et poivre
- Jus de citron (facultatif)

Instructions :

1. Mélangez le riz, les légumes, l'huile d'olive, le sel et le poivre.
2. Transférez dans la friteuse à air.
3. Préchauffez à 180°C.
4. Cuisez 20 min en remuant.
5. Servez, arrosé de jus de citron si désiré.

Riz à la Mangue et aux Noix de Cajou à la Friteuse à Air

Préparation : 15 min | Cuisson : 20 min | Portions : 4

Ingrédients :

- 200 g de riz
- 400 ml d'eau
- Mangue, noix de cajou, oignon, huile d'olive
- Sel et poivre
- Coriandre fraîche (facultatif)

Instructions :

1. Mélangez le riz, les ingrédients, l'huile d'olive, le sel et le poivre.
2. Transférez dans la friteuse à air.
3. Préchauffez à 180°C.
4. Cuisez 20 min en remuant.
5. Servez, garni de coriandre fraîche si désiré.

Riz à l'Ail et aux Crevettes à la Friteuse à Air

Préparation : 15 minutes | Cuisson : 20 minutes | Portions : 4

Ingrédients :

- 200 g de riz
- 400 ml d'eau
- 200 g de crevettes décortiquées
- 4 gousses d'ail, hachées
- 2 cuillères à soupe d'huile d'olive
- Sel et poivre, au goût
- Persil frais, pour garnir (facultatif)

Instructions :

1. Dans un grand bol, mélangez le riz, les crevettes, l'ail, l'huile d'olive, le sel et le poivre.
2. Transférez le mélange dans le panier de la friteuse à air.
3. Versez l'eau sur le mélange de riz.
4. Préchauffez la friteuse à air à 180°C.
5. Cuisez le riz à l'ail et aux crevettes dans la friteuse à air pendant environ 20 minutes, en remuant de temps en temps, jusqu'à ce que le riz soit cuit et les crevettes bien cuites.
6. Avant de servir, garnissez de persil frais si vous le souhaitez.

Riz à la Mexicaine à la Friteuse à Air

Préparation : 15 min | Cuisson : 20 min | Portions : 4

Ingrédients :

- 200 g de riz
- 400 ml d'eau
- Poivron, oignon, ail, huile d'olive
- Épices (cumin, paprika)
- Maïs, haricots noirs
- Sel, poivre, coriandre fraîche (facultatif)

Instructions :

1. Mélangez riz, légumes, épices, huile d'olive, sel et poivre.
2. Transférez dans la friteuse à air.
3. Préchauffez à 180°C.
4. Cuisez 20 min en remuant.
5. Servez, garni de coriandre fraîche si désiré.

Riz aux Légumes Grillés et au Poulet à la Friteuse à Air

Préparation : 15 min | Cuisson : 20 min | Portions : 4

Ingrédients :

- 200 g de riz
- 400 ml d'eau
- Poulet, courgettes, poivron, oignon, huile d'olive
- Sel, poivre, herbes fraîches (facultatif)

Instructions :

1. Mélangez riz, poulet, légumes, huile, sel et poivre.
2. Transférez dans la friteuse à air.
3. Préchauffez à 180°C.
4. Cuisez 20 min en remuant.
5. Servez, garni d'herbes fraîches si désiré.

Riz à la Lime et à l'Avocat à la Friteuse à Air

Préparation : 15 minutes | Cuisson : 20 minutes | Portions : 4

Ingrédients :

- 200 g de riz
- 400 ml d'eau
- 2 avocats, coupés en dés
- Jus et zeste de 2 limes
- 2 cuillères à soupe d'huile d'olive
- Sel et poivre, au goût
- Coriandre fraîche, pour garnir (facultatif)

Instructions :

1. Dans un grand bol, mélangez le riz, les dés d'avocat, le jus et le zeste de lime, l'huile d'olive, le sel et le poivre.
2. Transférez le mélange dans le panier de la friteuse à air.
3. Versez l'eau sur le mélange de riz.
4. Préchauffez la friteuse à air à 180°C.
5. Cuisez le riz à la lime et à l'avocat dans la friteuse à air pendant environ 20 minutes, en remuant de temps en temps, jusqu'à ce que le riz soit cuit et les saveurs bien mélangées.
6. Avant de servir, garnissez de coriandre fraîche si vous le souhaitez.

Chapitre 10 :

Recettes de Frites Légères à la Friteuse à Air

Frites de Rutabaga Légères à la Friteuse à Air

Préparation : 15 minutes | Cuisson : 20 minutes | Portions : 4

Ingrédients :

- 2 rutabagas (environ 600 g), pelés et coupés en bâtonnets
- 2 cuillères à soupe d'huile d'olive
- 1 cuillère à café de paprika
- 1 cuillère à café d'ail en poudre
- Sel et poivre, au goût
- Persil frais haché, pour garnir (facultatif)

Instructions :

1. Dans un grand bol, mélangez les bâtonnets de rutabaga avec l'huile d'olive, le paprika, l'ail en poudre, le sel et le poivre.
2. Transférez les bâtonnets de rutabaga dans le panier de la friteuse à air.
3. Préchauffez la friteuse à air à 180°C.
4. Cuisez les frites de rutabaga dans la friteuse à air pendant environ 20 minutes, en secouant le panier à mi-cuisson, jusqu'à ce qu'elles soient dorées et croustillantes.
5. Avant de servir, garnissez de persil frais haché si vous le souhaitez.

Frites de Betterave Légères à la Friteuse à Air

Préparation : 15 min | Cuisson : 20 min | Portions : 4

Ingrédients :

- 2 betteraves (environ 400 g), pelées et coupées en bâtonnets
- 2 cuillères à soupe d'huile d'olive
- 1 cuillère à café de paprika
- 1 cuillère à café d'ail en poudre
- Sel et poivre, au goût

Instructions :

1. Mélangez les bâtonnets de betterave avec l'huile d'olive, le paprika, l'ail en poudre, le sel et le poivre.
2. Transférez-les dans la friteuse à air.
3. Préchauffez à 180°C.
4. Cuisez environ 20 min jusqu'à ce qu'elles soient croustillantes.

Frites de Navet Blanc Légères à la Friteuse à Air

Préparation : 15 minutes | Cuisson : 20 minutes | Portions : 4

Ingrédients :

- 2 navets blancs (environ 400 g), pelés et coupés en bâtonnets
- 2 cuillères à soupe d'huile d'olive
- 1 cuillère à café de paprika
- 1 cuillère à café d'ail en poudre
- Sel et poivre, au goût
- Persil frais haché, pour garnir (facultatif)

Instructions :

1. Dans un grand bol, mélangez les bâtonnets de navet blanc avec l'huile d'olive, le paprika, l'ail en poudre, le sel et le poivre.
2. Transférez les bâtonnets de navet blanc dans le panier de la friteuse à air.
3. Préchauffez la friteuse à air à 180°C.
4. Cuisez les frites de navet blanc dans la friteuse à air pendant environ 20 minutes, en secouant le panier à mi-cuisson, jusqu'à ce qu'elles soient dorées et croustillantes.
5. Avant de servir, garnissez de persil frais haché si vous le souhaitez.

Frites de Patate Violette Légères à la Friteuse à Air

Préparation : 15 minutes | Cuisson : 20 minutes | Portions : 4

Ingrédients :

- 2 patates violettes (environ 400 g), pelées et coupées en bâtonnets
- 2 cuillères à soupe d'huile d'olive
- 1 cuillère à café de paprika
- 1 cuillère à café d'ail en poudre
- Sel et poivre, au goût
- Persil frais haché, pour garnir (facultatif)

Instructions :

1. Dans un grand bol, mélangez les bâtonnets de patate violette avec l'huile d'olive, le paprika, l'ail en poudre, le sel et le poivre.
2. Transférez les bâtonnets de patate violette dans le panier de la friteuse à air.
3. Préchauffez la friteuse à air à 180°C.
4. Cuisez les frites de patate violette dans la friteuse à air pendant environ 20 minutes, en secouant le panier à mi-cuisson, jusqu'à ce qu'elles soient dorées et croustillantes.
5. Avant de servir, garnissez de persil frais haché si vous le souhaitez.

Frites de Courge Spaghetti Légères à la Friteuse à Air

Préparation : 15 minutes | Cuisson : 20 minutes | Portions : 4

Ingrédients :

- 1 petite courge spaghetti (environ 400 g)
- 2 cuillères à soupe d'huile d'olive
- 1 cuillère à café de paprika
- 1 cuillère à café d'ail en poudre
- Sel et poivre, au goût
- Persil frais haché, pour garnir (facultatif)

Instructions :

1. Coupez la courge spaghetti en deux et retirez les graines à l'intérieur. À l'aide d'une fourchette, grattez la chair pour obtenir des filaments de courge.
2. Dans un grand bol, mélangez les filaments de courge avec l'huile d'olive, le paprika, l'ail en poudre, le sel et le poivre.
3. Transférez les filaments de courge dans le panier de la friteuse à air.
4. Préchauffez la friteuse à air à 180°C.
5. Cuisez les frites de courge spaghetti dans la friteuse à air pendant environ 20 minutes, en secouant le panier à mi-cuisson, jusqu'à ce qu'elles soient dorées et croustillantes.
6. Avant de servir, garnissez de persil frais haché si vous le souhaitez.

Frites de Pommes de Terre Nouvelles Légères à la Friteuse à Air

Préparation : 15 min | Cuisson : 20 min | Portions : 4

Ingrédients :

- 500 g de pommes de terre nouvelles
- 2 cuillères à soupe d'huile d'olive
- 1 cuillère à café de paprika
- 1 cuillère à café d'ail en poudre
- Sel et poivre, au goût
- Persil frais haché (facultatif)

Instructions :

1. Mélangez les pommes de terre avec l'huile, le paprika, l'ail en poudre, le sel, et le poivre.
2. Cuisez dans la friteuse à air à 180°C pendant 20 min.
3. Garnissez de persil frais avant de servir (facultatif).

Frites de Chou de Bruxelles Légères à la Friteuse à Air

Préparation : 10 minutes | Cuisson : 15 minutes | Portions : 4

Ingrédients :

- 500 g de choux de Bruxelles, coupés en moitiés
- 2 cuillères à soupe d'huile d'olive
- 1 cuillère à café de paprika
- 1 cuillère à café d'ail en poudre
- Sel et poivre, au goût
- Persil frais haché, pour garnir (facultatif)

Instructions :

1. Dans un grand bol, mélangez les moitiés de choux de Bruxelles avec l'huile d'olive, le paprika, l'ail en poudre, le sel et le poivre.
2. Transférez les choux de Bruxelles dans le panier de la friteuse à air.
3. Préchauffez la friteuse à air à 180°C.
4. Cuisez les frites de chou de Bruxelles dans la friteuse à air pendant environ 15 minutes, en secouant le panier à mi-cuisson, jusqu'à ce qu'elles soient dorées et croustillantes.
5. Avant de servir, garnissez de persil frais haché si vous le souhaitez.

Frites de Courgette et d'Aubergine Légères à la Friteuse à Air

Préparation : 15 min | Cuisson : 20 min | Portions : 4

Ingrédients :

- 1 courgette
- 1 petite aubergine
- 2 cuillères à soupe d'huile d'olive
- 1 cuillère à café de paprika
- 1 cuillère à café d'ail en poudre
- Sel et poivre, au goût
- Persil frais haché (facultatif)

Instructions :

1. Mélangez les bâtonnets de courgette et d'aubergine avec l'huile d'olive, le paprika, l'ail en poudre, le sel et le poivre.
2. Cuisez dans la friteuse à air à 180°C pendant 20 min.
3. Garnissez de persil frais avant de servir (facultatif).

Frites de Pâtisson Légères à la Friteuse à Air

Préparation : 15 minutes | Cuisson : 20 minutes | Portions : 4

Ingrédients :

- 1 pâtisson, pelé et coupé en bâtonnets
- 2 cuillères à soupe d'huile d'olive
- 1 cuillère à café de paprika
- 1 cuillère à café d'ail en poudre
- Sel et poivre, au goût
- Persil frais haché, pour garnir (facultatif)

Instructions :

1. Dans un grand bol, mélangez les bâtonnets de pâtisson avec l'huile d'olive, le paprika, l'ail en poudre, le sel et le poivre.
2. Transférez les bâtonnets de pâtisson dans le panier de la friteuse à air.
3. Préchauffez la friteuse à air à 180°C.
4. Cuisez les frites de pâtisson dans la friteuse à air pendant environ 20 minutes, en secouant le panier à mi-cuisson, jusqu'à ce qu'elles soient dorées et croustillantes.
5. Avant de servir, garnissez de persil frais haché si vous le souhaitez.

Frites de Patate Douce Blanche Légères à la Friteuse à Air

Préparation : 15 minutes | Cuisson : 20 minutes | Portions : 4

Ingrédients :

- 2 patates douces blanches
- 2 cuillères à soupe d'huile d'olive
- 1 cuillère à café de paprika
- 1 cuillère à café d'ail en poudre
- Sel et poivre, au goût
- Persil frais haché, pour garnir (facultatif)

Instructions :

1. Pelez les patates douces blanches et coupez-les en bâtonnets.
2. Dans un grand bol, mélangez les bâtonnets de patate douce blanche avec l'huile d'olive, le paprika, l'ail en poudre, le sel et le poivre.
3. Transférez les bâtonnets de patate douce blanche dans le panier de la friteuse à air.
4. Préchauffez la friteuse à air à 180°C.
5. Cuisez les frites de patate douce blanche dans la friteuse à air pendant environ 20 minutes, en secouant le panier à mi-cuisson, jusqu'à ce qu'elles soient dorées et croustillantes.
6. Avant de servir, garnissez de persil frais haché si vous le souhaitez.

Frites de Racine de Persil Légères à la Friteuse à Air

Préparation : 15 min | Cuisson : 20 min | Portions : 4

Ingrédients :

- 4 racines de persil
- 2 cuillères à soupe d'huile d'olive
- 1 cuillère à café de paprika
- 1 cuillère à café d'ail en poudre
- Sel et poivre, au goût

Instructions :

1. Pelez et coupez les racines de persil en bâtonnets.
2. Mélangez-les avec l'huile d'olive, le paprika, l'ail en poudre, le sel et le poivre.
3. Cuisez dans la friteuse à air à 180°C pendant 20 min.

Frites de Chou-Rave Légères à la Friteuse à Air

Préparation : 15 min | Cuisson : 20 min | Portions : 4

Ingrédients :

- 2 choux-raves, pelés et coupés en bâtonnets
- 2 cuillères à soupe d'huile d'olive
- 1 cuillère à café de paprika
- 1 cuillère à café d'ail en poudre
- Sel et poivre, au goût
- Persil frais haché, pour garnir (facultatif)

Instructions :

1. Pelez les choux-raves et coupez-les en bâtonnets.
2. Dans un grand bol, mélangez les bâtonnets de chou-rave avec l'huile d'olive, le paprika, l'ail en poudre, le sel et le poivre.
3. Transférez les bâtonnets de chou-rave dans le panier de la friteuse à air.
4. Préchauffez la friteuse à air à 180°C.
5. Cuisez les frites de chou-rave dans la friteuse à air pendant environ 20 minutes, en secouant le panier à mi-cuisson, jusqu'à ce qu'elles soient dorées et croustillantes.
6. Avant de servir, garnissez de persil frais haché si vous le souhaitez.

Frites de Fenouil Légères à la Friteuse à Air

Préparation : 15 min | Cuisson : 20 min | Portions : 4

Ingrédients :

- 2 bulbes de fenouil, coupés en bâtonnets
- 2 cuillères à soupe d'huile d'olive
- 1 cuillère à café de paprika
- 1 cuillère à café d'ail en poudre
- Sel et poivre, au goût
- Persil frais haché, pour garnir (facultatif)

Instructions :

1. Coupez les bulbes de fenouil en bâtonnets.
2. Dans un grand bol, mélangez les bâtonnets de fenouil avec l'huile d'olive, le paprika, l'ail en poudre, le sel et le poivre.
3. Transférez les bâtonnets de fenouil dans le panier de la friteuse à air.
4. Préchauffez la friteuse à air à 180°C.
5. Cuisez les frites de fenouil dans la friteuse à air pendant environ 20 minutes, en secouant le panier à mi-cuisson, jusqu'à ce qu'elles soient dorées et croustillantes.
6. Avant de servir, garnissez de persil frais haché si vous le souhaitez.

Frites de Taro Légères à la Friteuse à Air

Préparation : 15 min | Cuisson : 20 min | Portions : 4

Ingrédients :

- 2 taros, pelés et coupés en bâtonnets
- 2 cuillères à soupe d'huile d'olive
- 1 cuillère à café de paprika
- 1 cuillère à café d'ail en poudre
- Sel et poivre, au goût

Instructions :

1. Pelez et coupez les taros en bâtonnets.
2. Mélangez-les avec l'huile d'olive, le paprika, l'ail en poudre, le sel et le poivre.
3. Cuisez dans la friteuse à air à 180°C pendant 20 min.

Frites de Topinambour Légères à la Friteuse à Air

Préparation : 15 min | Cuisson : 20 min | Portions : 4

Ingrédients :

- 4 topinambours, pelés et coupés en bâtonnets
- 2 cuillères à soupe d'huile d'olive
- 1 cuillère à café de paprika
- 1 cuillère à café d'ail en poudre
- Sel et poivre, au goût
- Persil frais haché, pour garnir (facultatif)

Instructions :

1. Pelez les topinambours et coupez-les en bâtonnets.
2. Dans un grand bol, mélangez les bâtonnets de topinambour avec l'huile d'olive, le paprika, l'ail en poudre, le sel et le poivre.
3. Transférez les bâtonnets de topinambour dans le panier de la friteuse à air.
4. Préchauffez la friteuse à air à 180°C.
5. Cuisez les frites de topinambour dans la friteuse à air pendant environ 20 minutes, en secouant le panier à mi-cuisson, jusqu'à ce qu'elles soient dorées et croustillantes.
6. Avant de servir, garnissez de persil frais haché si vous le souhaitez.

Frites de Cœur d'Artichaut Légères à la Friteuse à Air

Préparation : 15 min | Cuisson : 20 min | Portions : 4

Ingrédients :

- 4 cœurs d'artichaut, coupés en quartiers
- 2 cuillères à soupe d'huile d'olive
- 1 cuillère à café de paprika
- 1 cuillère à café d'ail en poudre
- Sel et poivre, au goût
- Persil frais haché, pour garnir (facultatif)

Instructions :

1. Coupez les cœurs d'artichaut en quartiers.
2. Dans un grand bol, mélangez les quartiers de cœur d'artichaut avec l'huile d'olive, le paprika, l'ail en poudre, le sel et le poivre.
3. Transférez les quartiers de cœur d'artichaut dans le panier de la friteuse à air.
4. Préchauffez la friteuse à air à 180°C.
5. Cuisez les frites de cœur d'artichaut dans la friteuse à air pendant environ 20 minutes, en secouant le panier à mi-cuisson, jusqu'à ce qu'elles soient dorées et croustillantes.
6. Avant de servir, garnissez de persil frais haché si vous le souhaitez.

Frites de Concombre Légères à la Friteuse à Air

Préparation : 15 min | Cuisson : 15 min | Portions : 4

Ingrédients :

- 2 concombres, pelés et coupés en bâtonnets
- 2 cuillères à soupe d'huile d'olive
- 1 cuillère à café de paprika
- 1 cuillère à café d'ail en poudre
- Sel et poivre, au goût

Instructions :

1. Pelez et coupez les concombres en bâtonnets.
2. Mélangez-les avec l'huile d'olive, le paprika, l'ail en poudre, le sel et le poivre.
3. Cuisez dans la friteuse à air à 180°C pendant 15 min.

Frites de Radis Légères à la Friteuse à Air

Préparation : 10 min | Cuisson : 15 min | Portions : 4

Ingrédients :

- 2 bottes de radis, pelés et coupés en bâtonnets
- 2 cuillères à soupe d'huile d'olive
- 1 cuillère à café de paprika
- 1 cuillère à café d'ail en poudre
- Sel et poivre, au goût
- Persil frais haché, pour garnir (facultatif)

Instructions :

1. Pelez les radis et coupez-les en bâtonnets.
2. Dans un grand bol, mélangez les bâtonnets de radis avec l'huile d'olive, le paprika, l'ail en poudre, le sel et le poivre.
3. Transférez les bâtonnets de radis dans le panier de la friteuse à air.
4. Préchauffez la friteuse à air à 180°C.
5. Cuisez les frites de radis dans la friteuse à air pendant environ 15 minutes, en secouant le panier à mi-cuisson, jusqu'à ce qu'elles soient dorées et croustillantes.
6. Avant de servir, garnissez de persil frais haché si vous le souhaitez.

Frites de Légumes d'Hiver Légères à la Friteuse à Air

Préparation : 15 min | Cuisson : 15 min | Portions : 4

Ingrédients :
- 2 carottes, panais, et betteraves, pelés et coupés en bâtonnets
- 2 cuillères à soupe d'huile d'olive
- 1 cuillère à café de paprika
- 1 cuillère à café d'ail en poudre
- Sel et poivre, au goût

Instructions :
1. Préparez les légumes en les pelant et en les coupant en bâtonnets.
2. Mélangez les bâtonnets de légumes avec l'huile d'olive, le paprika, l'ail en poudre, le sel et le poivre.
3. Cuisez les frites de légumes d'hiver dans la friteuse à air préchauffée à 180°C pendant environ 15 minutes, en secouant le panier à mi-cuisson, jusqu'à ce qu'elles soient dorées et croustillantes.
4. Servez chaud.

Frites de Champignons Légères à la Friteuse à Air

Préparation : 15 min | Cuisson : 10 min | Portions : 4

Ingrédients :
- 500 g de champignons, nettoyés et coupés en lanières
- 2 cuillères à soupe d'huile d'olive
- 1 cuillère à café de paprika
- 1 cuillère à café d'ail en poudre
- Sel et poivre, au goût
- Persil frais haché, pour garnir (facultatif)

Instructions :
1. Préparez les champignons en les nettoyant et en les coupant en lanières.
2. Dans un grand bol, mélangez les lanières de champignons avec l'huile d'olive, le paprika, l'ail en poudre, le sel et le poivre.
3. Transférez les lanières de champignons dans le panier de la friteuse à air.
4. Préchauffez la friteuse à air à 180°C.
5. Cuisez les frites de champignons dans la friteuse à air pendant environ 10 minutes, en secouant le panier à mi-cuisson, jusqu'à ce qu'elles soient dorées et croustillantes.
6. Avant de servir, garnissez de persil frais haché si vous le souhaitez.

Frites de Patate Jaune Légères à la Friteuse à Air

Préparation : 15 min | Cuisson : 15 min | Portions : 4

Ingrédients :
- 4 patates jaunes, pelées et coupées en bâtonnets
- 2 cuillères à soupe d'huile d'olive
- 1 cuillère à café de paprika
- 1 cuillère à café d'ail en poudre
- Sel et poivre, au goût

Instructions :
1. Coupez les patates en bâtonnets.
2. Mélangez-les avec de l'huile d'olive, du paprika, de l'ail en poudre, du sel et du poivre.
3. Cuisez-les dans la friteuse à air préchauffée à 180°C pendant 15 minutes, en secouant à mi-cuisson.
4. Servez chaud.

Frites de Patate Rouge Légères à la Friteuse à Air

Préparation : 15 min | Cuisson : 15 min | Portions : 4

Ingrédients :

- 4 patates rouges, pelées et coupées en bâtonnets
- 2 cuillères à soupe d'huile d'olive
- 1 cuillère à café de paprika
- 1 cuillère à café d'ail en poudre
- Sel et poivre, au goût
- Persil frais haché, pour garnir (facultatif)

Instructions :

1. Préparez les patates rouges en les pelant et en les coupant en bâtonnets.
2. Dans un grand bol, mélangez les bâtonnets de patate rouge avec l'huile d'olive, le paprika, l'ail en poudre, le sel et le poivre.
3. Transférez les bâtonnets de patate rouge dans le panier de la friteuse à air.
4. Préchauffez la friteuse à air à 180°C.
5. Cuisez les frites de patate rouge dans la friteuse à air pendant environ 15 minutes, en secouant le panier à mi-cuisson, jusqu'à ce qu'elles soient dorées et croustillantes.
6. Avant de servir, garnissez de persil frais haché si vous le souhaitez.

Frites de Légumes Verts Légères à la Friteuse à Air

Préparation : 15 min | Cuisson : 15 min | Portions : 4

Ingrédients :

- 400 g de légumes verts (haricots verts, pois gourmands, asperges), lavés et coupés
- 2 cuillères à soupe d'huile d'olive
- 1 cuillère à café de sel
- 1/2 cuillère à café de poivre

Instructions :

1. Préparez les légumes verts en les lavant et en les coupant.
2. Mélangez-les avec l'huile d'olive, le sel, et le poivre.
3. Cuisez-les dans la friteuse à air préchauffée à 200°C pendant 15 minutes.
4. Servez chaud.

Frites de Légumes d'Été Légères à la Friteuse à Air

Préparation : 15 min | Cuisson : 15 min | Portions : 4

Ingrédients :

- 4 tasses (environ 400 g) de légumes d'été (courgettes, poivrons, aubergines), lavés et coupés en morceaux
- 2 cuillères à soupe d'huile d'olive
- 1 cuillère à café de sel
- 1/2 cuillère à café de poivre
- 1 cuillère à café d'herbes de Provence (facultatif)

Instructions :

1. Préparez les légumes d'été en les lavant et en les coupant en morceaux.
2. Dans un grand bol, mélangez les légumes d'été avec l'huile d'olive, le sel, le poivre et les herbes de Provence (si vous le souhaitez).
3. Transférez les légumes d'été dans le panier de la friteuse à air.
4. Préchauffez la friteuse à air à 200°C.
5. Cuisez les légumes d'été dans la friteuse à air pendant environ 15 minutes, en secouant le panier à mi-cuisson, jusqu'à ce qu'ils soient tendres et légèrement croustillants.
6. Servez chaud.

Frites de Légumes d'Asie Légères à la Friteuse à Air

Préparation : 15 min | Cuisson : 15 min | Portions : 4

Ingrédients :

- 400 g de légumes d'Asie (brocolis, champignons shiitake, carottes), lavés et coupés
- 2 cuillères à soupe d'huile de sésame
- 1 cuillère à café de sel
- 1/2 cuillère à café de poivre
- 1 cuillère à café de graines de sésame (facultatif)

Instructions :

1. Préparez les légumes d'Asie en les lavant et en les coupant.
2. Mélangez-les avec l'huile de sésame, le sel, et le poivre.
3. Cuisez-les dans la friteuse à air préchauffée à 200°C pendant 15 minutes.
4. Saupoudrez de graines de sésame (si vous le souhaitez) et servez chaud.

Frites de Légumes de Méditerranée Légères à la Friteuse à Air

Préparation : 15 min | Cuisson : 15 min | Portions : 4

Ingrédients :

- 400 g de légumes de Méditerranée (courgettes, poivrons, aubergines), lavés et coupés
- 2 cuillères à soupe d'huile d'olive
- Sel et poivre au goût
- Herbes de Provence (facultatif)

Instructions :

1. Préparez les légumes en les lavant et en les coupant.
2. Mélangez-les avec de l'huile d'olive, du sel et du poivre.
3. Cuisez-les dans la friteuse à air à 200°C pendant 15 minutes.
4. Servez chaud.

Frites de Légumes du Moyen-Orient Légères à la Friteuse à Air

Préparation : 15 min | Cuisson : 15 min | Portions : 4

Ingrédients :

- 400 g de légumes du Moyen-Orient (aubergines, courgettes, poivrons), lavés et coupés
- 2 cuillères à soupe d'huile d'olive
- 1 cuillère à café de cumin en poudre
- 1/2 cuillère à café de paprika
- Sel et poivre au goût
- Jus de citron (facultatif)

Instructions :

1. Préparez les légumes du Moyen-Orient en les lavant et en les coupant.
2. Dans un grand bol, mélangez les légumes avec l'huile d'olive, le cumin en poudre, le paprika, le sel et le poivre.
3. Transférez les légumes assaisonnés dans le panier de la friteuse à air.
4. Préchauffez la friteuse à air à 200°C.
5. Cuisez les légumes du Moyen-Orient dans la friteuse à air pendant environ 15 minutes, en secouant le panier à mi-cuisson, jusqu'à ce qu'ils soient tendres et légèrement croustillants.
6. Si désiré, arrosez d'un peu de jus de citron avant de servir.